AF281457

ESCULTURA PLURAL

ANDRÉS ÁLVAREZ ILZARBE

ANDRÉS LASANTA JIMENO

JOSÉ MANUEL MARTÍNEZ PÉREZ

ANDREU MORENO

Ediciones de la Diputación de Salamanca
Serie Catálogos de Exposiciones, n.º 271

1.ª edición: marzo, 2024
© Diputación de Salamanca

ediciones@lasalina.es
www.lasalina.es/cultura

I.S.B.N.: 978-84-7797-750-6
Depósito Legal: S 62-2024

Maquetación: Difusión y Publicaciones (Departamento de Cultura)
Imprime: Gráficas Lope. Salamanca

*Ninguna parte de esta publicación puede ser reproducida total o parcialmente,
almacenada o transmitida en manera alguna ni por ningún medio, ya se mecánico, eléctrico,
químico, óptico, de grabación o de fotocopia, sin permiso previo del editor.*

Escultura plural, quiere reflejar la visión de cuatro escultores que aunque con técnicas diferentes nos quieren mostrar su visión sobre este mundo, no como es sino como ellos lo sienten. A través de la utilización de distintos materiales bien sea madera o fibra de vidrio, entre otros, reflejan su entorno e intentan enseñarnos a interpretarlo.

Ya sea el cuerpo humano, animales surrealistas o las propuestas geométricas que introducen al espectador en un universo de formas llenas de significado, pretenden enseñarnos a ser más humanos, que nos acerquemos a nosotros mismos a través de sus piezas.

El hilo conductor de esta muestra sería compartir la misma forma de entender la escultura, el simple gusto por esculpir, sin ningún tipo de academicismos.

Nunca han entrado en competitividad entre ellos, respetan la ejecución de sus obras y la interpretación que cada uno tiene del entorno y su manera de enfrentarse a los problemas que quieren denunciar con sus esculturas.

DAVID MINGO PÉREZ
Diputado de Cultura

METER EN PUNTOS A CUATRO DISJUNTOS: LA ESCULTURA PLURAL

Permítanme que nos presentemos. Aunque mejor vean las obras, sientan, déjense llevar. Ya saben, por el volumen, el espacio que crean. Pero tal vez insistan en una presentación de quiénes somos. Buscadores de formas de bronce, de barro, de piedra, de madera, de resina, de cerámica. Ni más ni menos. Allá donde se muestra la belleza, allá vamos. Y nos sumergimos en ella. Apasionadamente. Somos cuatro escultores. Trabajamos cada uno por nuestro lado y un buen día coincidimos en una fundición de Madrid. Allí nos seguimos viendo cuando llevamos nuestras piezas, modelando, repasando ceras o cincelando y patinando el bronce. Nos fuimos acercando. Compartimos tiempo y trabajo. Descubrimos que, cada quien desde su particular trayectoria, venimos a afirmar que la escultura consiste en ocupar el espacio con emociones y sentimientos para llegar a quienes la observan. Como si dijéramos: un incurable tesón por vislumbrar, aquietar y labrar amorosamente esa sombra donde viajan todas las preguntas. Escultura cuestión de valores. Valor que viene del placer estético. Y del trabajo que hay tras cada pieza. Porque, al final, lo importante para los cuatro visionarios que hoy se presentan ante ustedes es poder ofrecerles esa parte de la belleza elusiva que nos hace despertarnos cada mañana con el anhelo de captarla y el atrevimiento de expresarla. Que ustedes lo disfruten.

ANDRÉS ALVAREZ ILZARBE
ANDRÉS LASANTA JIMENO
JOSÉ MANUEL MARTÍNEZ PÉREZ
ANDREU MORENO

ANDRÉS ÁLVAREZ ILZARBE

No soy más que un testigo de nuestro tiempo. Esculpo la realidad que nos rodea. Sucesos cotidianos, sueños incumplidos, placeres y dolores, los grandes asuntos que nos ocupan y desbordan, el amor. Todo lo que cabe en un solo día.

Esculpo sin prisa. Sé de la lentitud de la madera que ofrece el sosiego para detenerse en las cosas que de verdad importan.

Esculpir es mi forma de sobrevivir a la locura de nuestro tiempo, al tinglado de los poderosos, a las mentiras, a las falsas apariencias, a las tragedias y a los límites infranqueables de la vida .

Maderas, texturas, y volúmenes diversos son un alfabeto para contar el mundo llenando el espacio de formas bellas que hablan a los ojos, a las manos y adentro de nosotros mismos.

Escultura para sentir, para pensar, para ser más humanos.

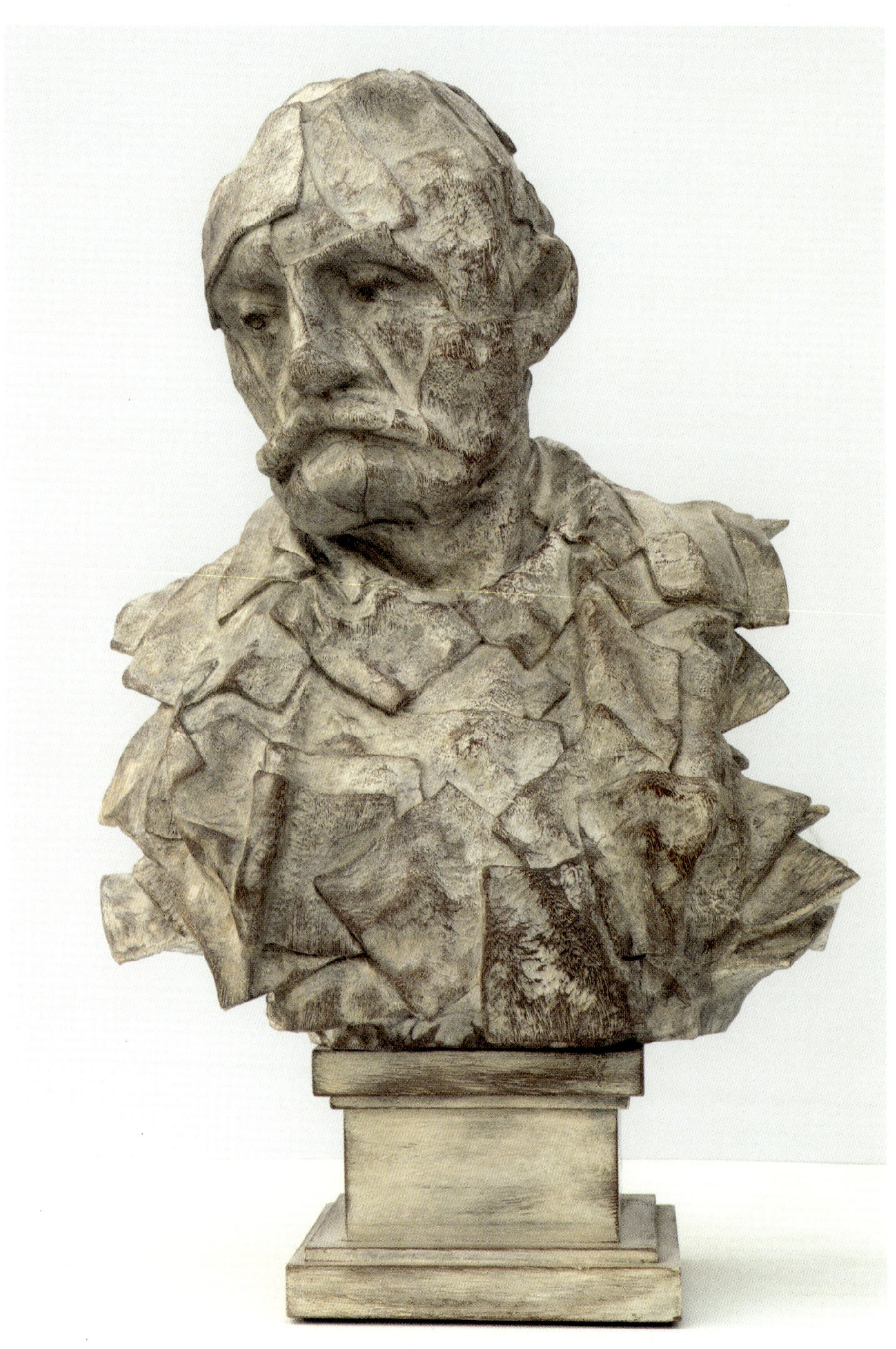

WWW.UNAMUNO.COM. 67 x 43 x 33. MADERA DE IROKO. TALLA DIRECTA Y COLOR.
VERSIÓN DEL BUSTO DE MIGUEL DE UNAMUNO DE J.B. FOLÍA Y PRADES (1907)

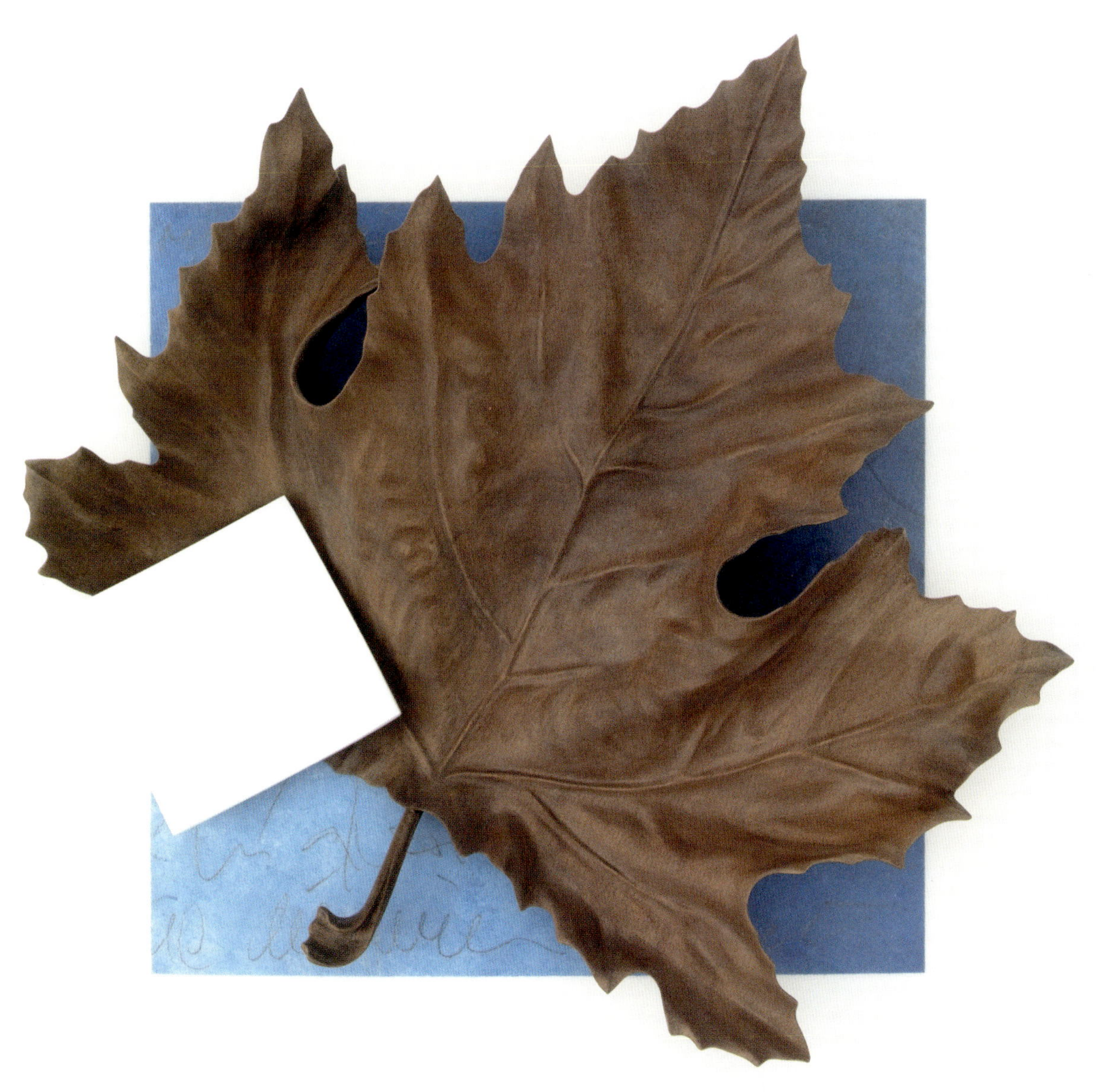

CAUTIVO 3. 55 x 55 x 9. MADERA DE EMBERO, TALLA DIRECTA Y ACRÍLICO

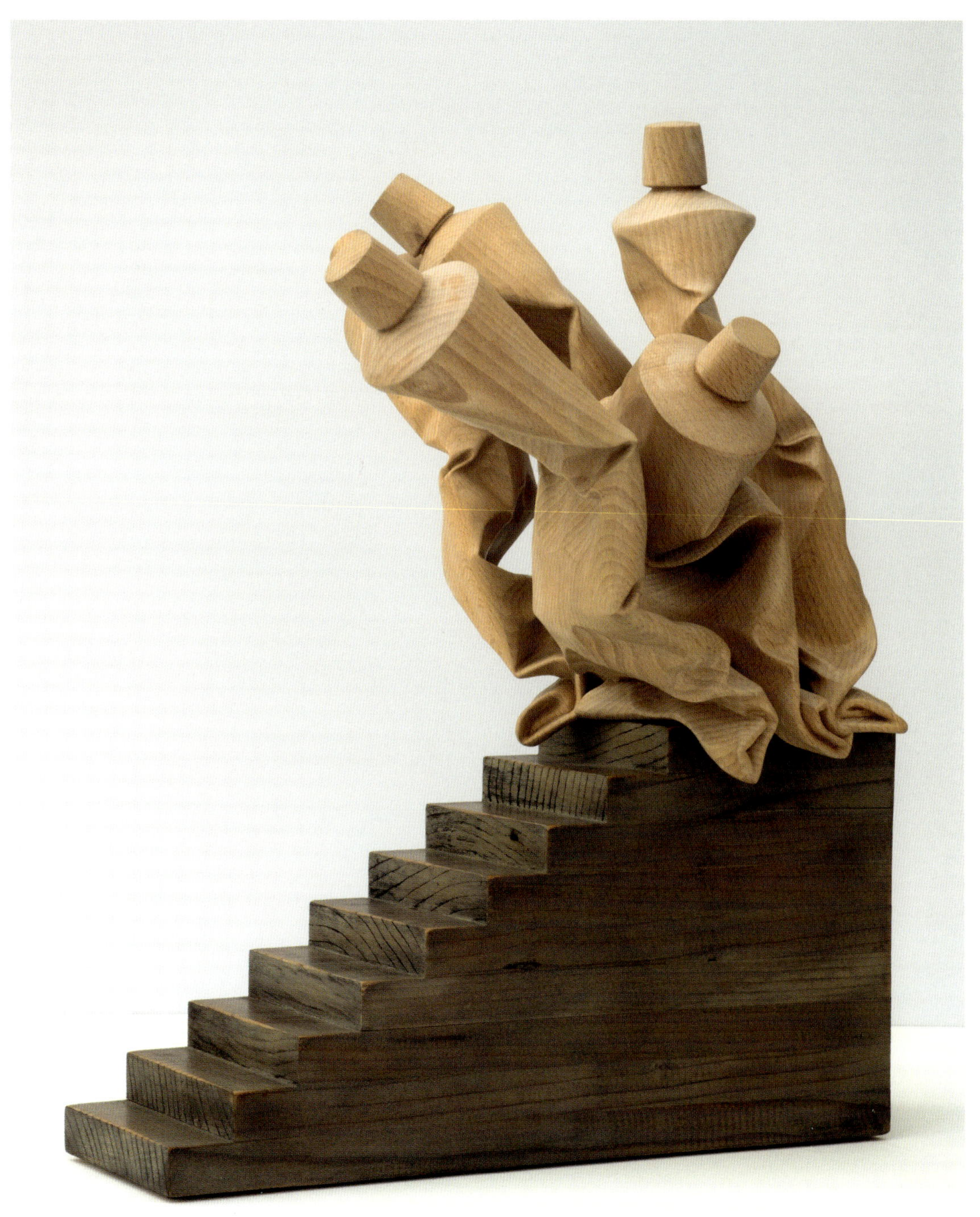

E.R.E. 48 x 36 x 37. FRESNO, PINO Y COLOR

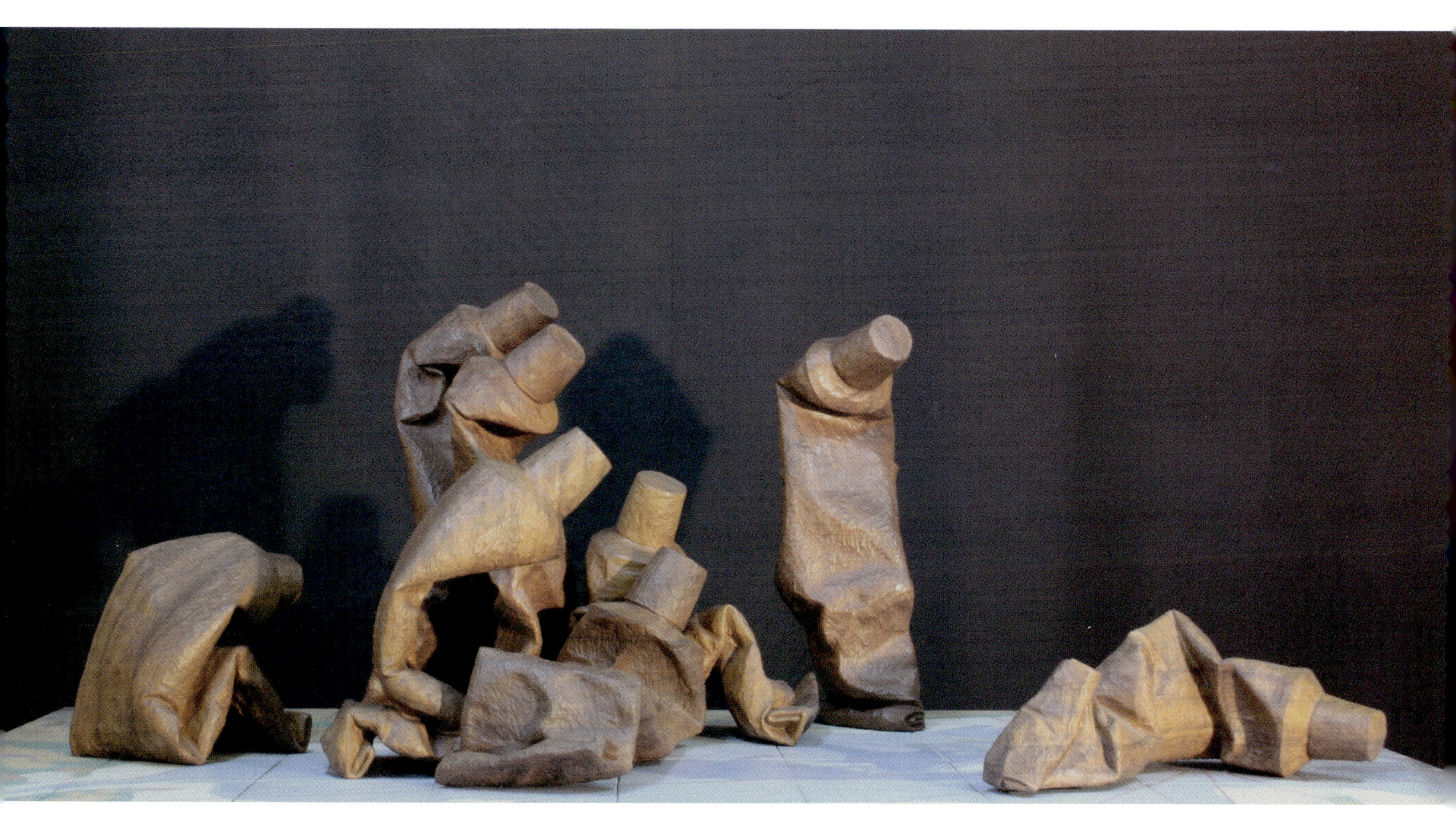

PLAYAS DEL SUR. 180 x 122 x 74. MADERA DE IROKO. TALLA DIRECTA Y ACRÍLICO

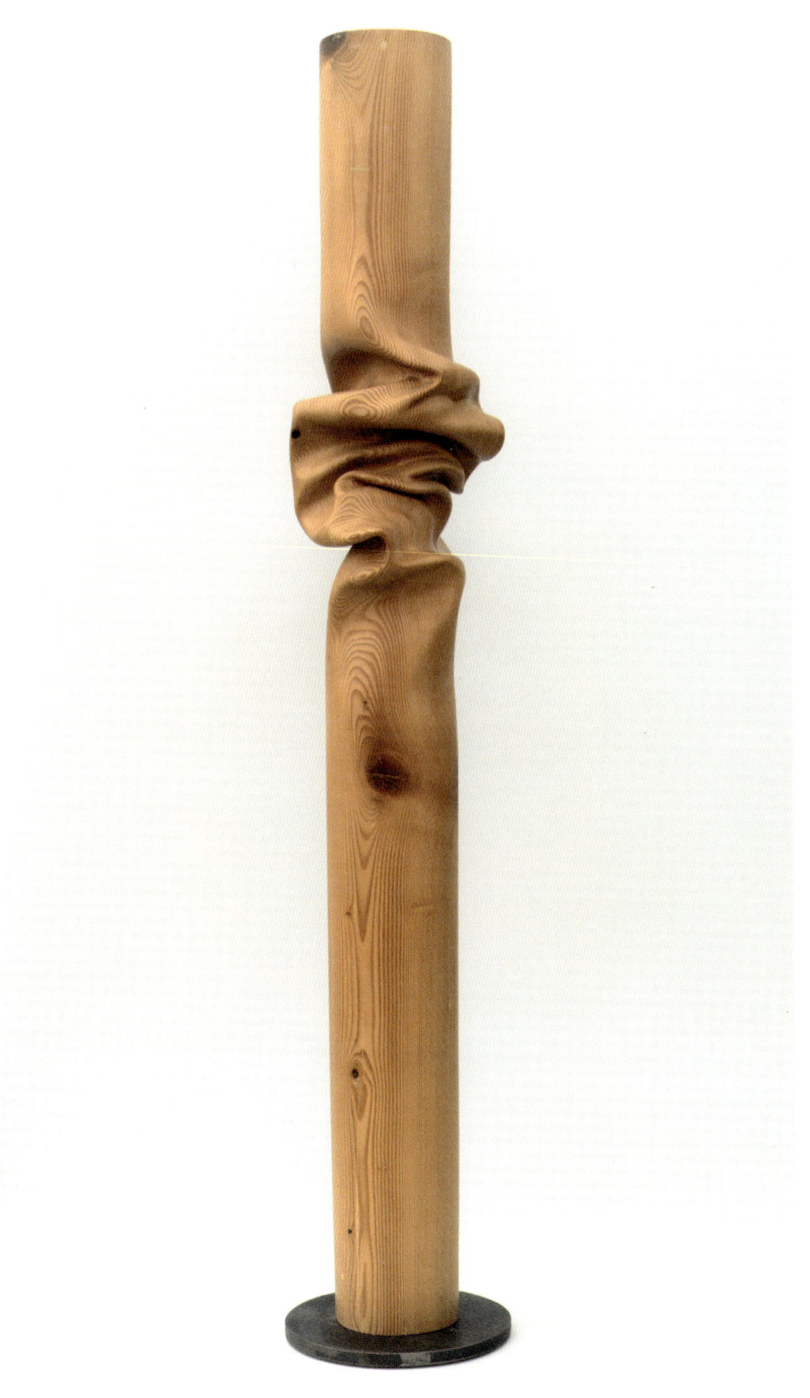

PODER Y CORRUPCIÓN III. 146 x 26 x 25. MADERA DE PINO, HIERRO. TALLA DIRECTA

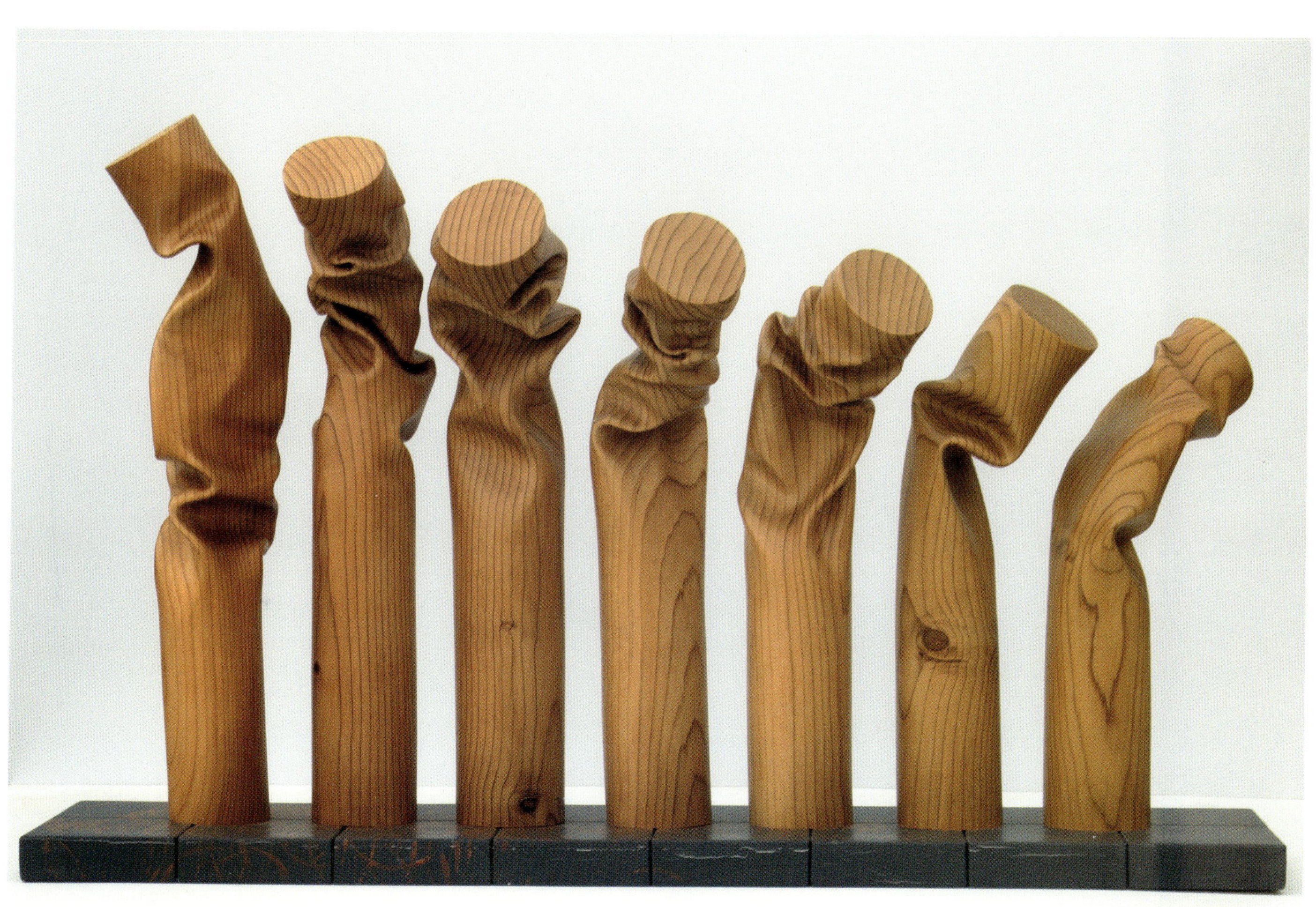

OBEDIENCIA DEBIDA. 88 x 56 x 21. MADERA DE CEDRO, TALLA DIRECTA Y COLOR

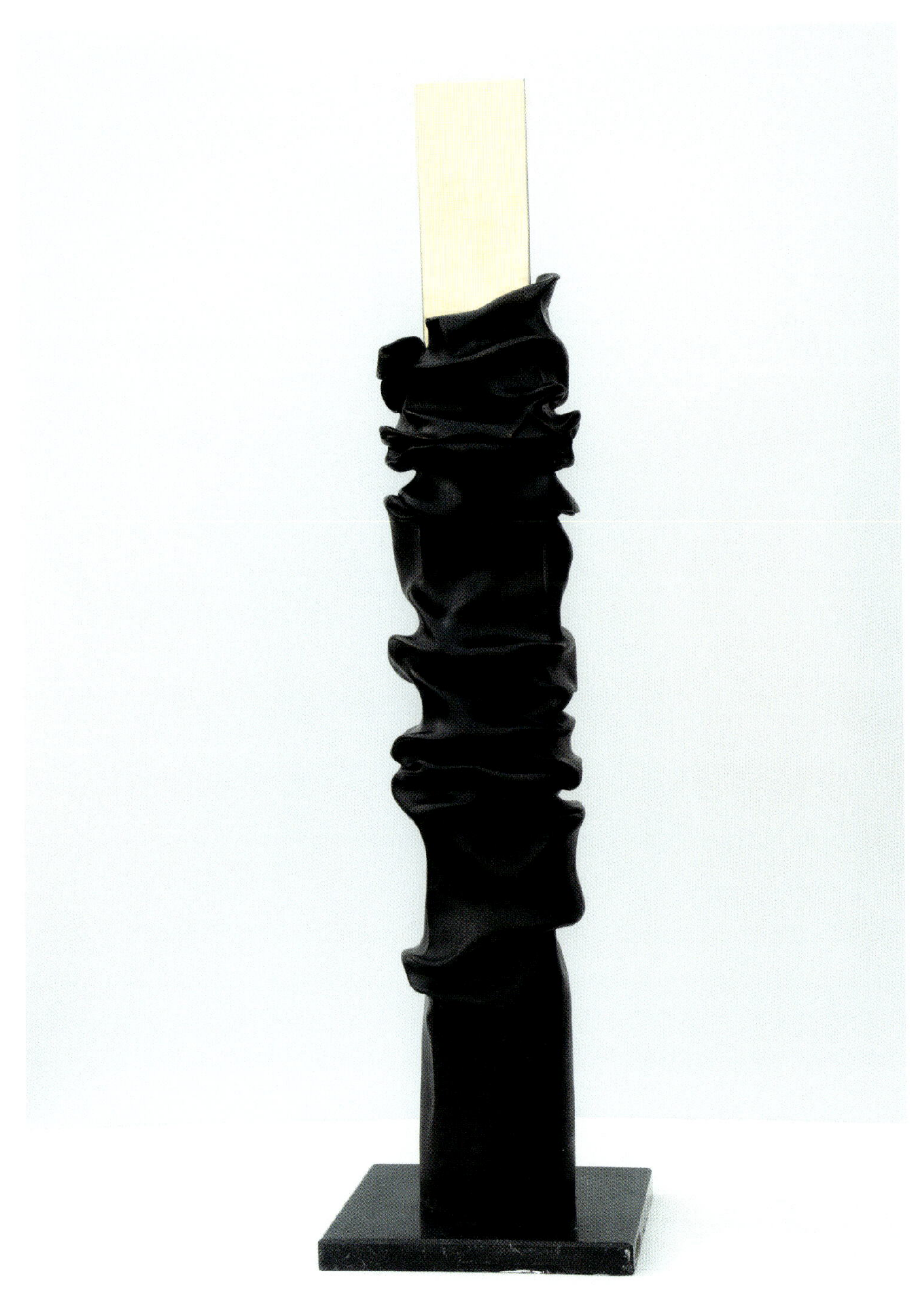

QUEBRANTO. 115 x 21 x 19. BRONCE, ACERO INOXIBALE Y MÁRMOL

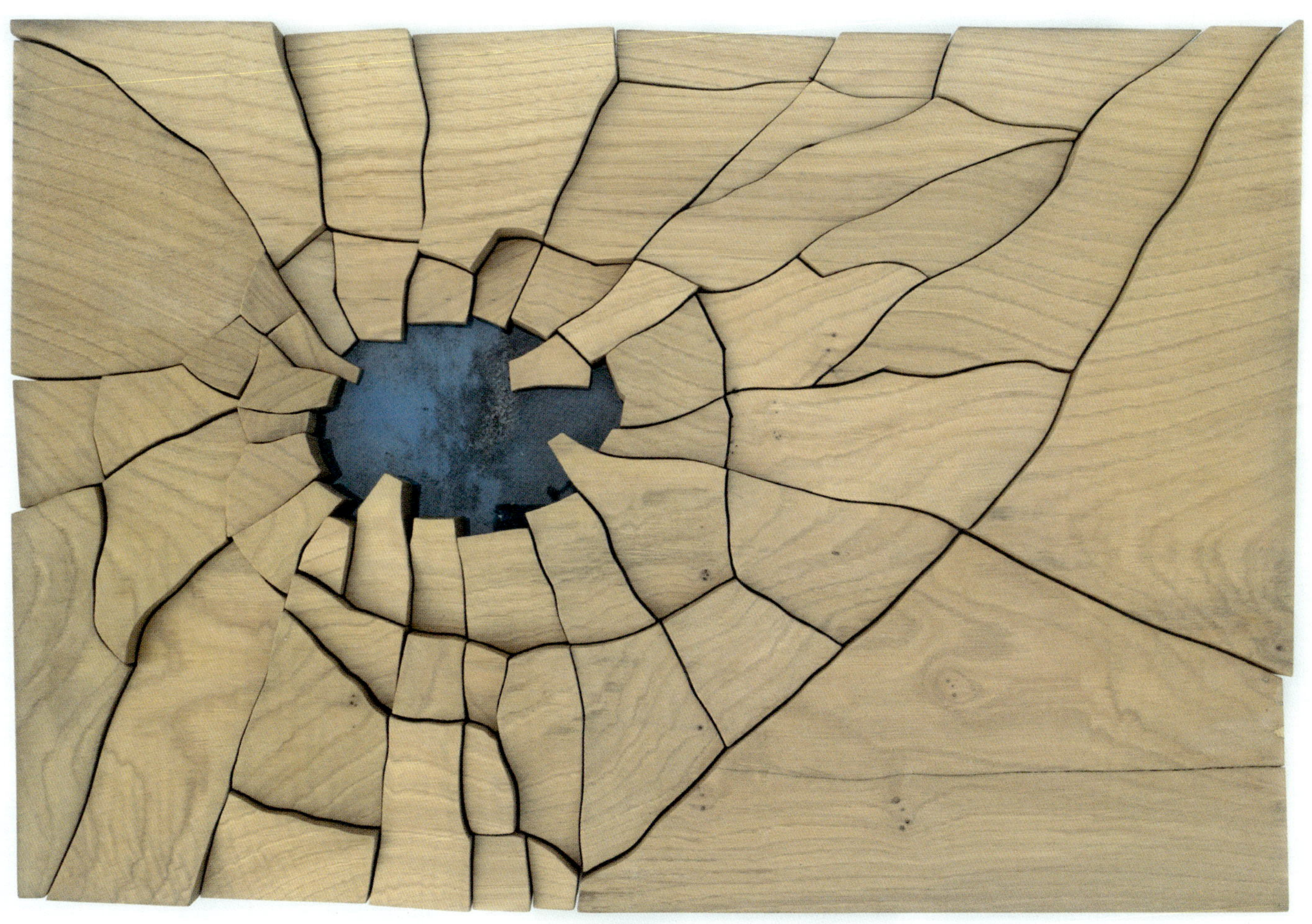

DESAHUCIO 3.2. 70 x 53 x 5. MADERA DE CASTAÑO, ACRÍLICO Y METACRILATO

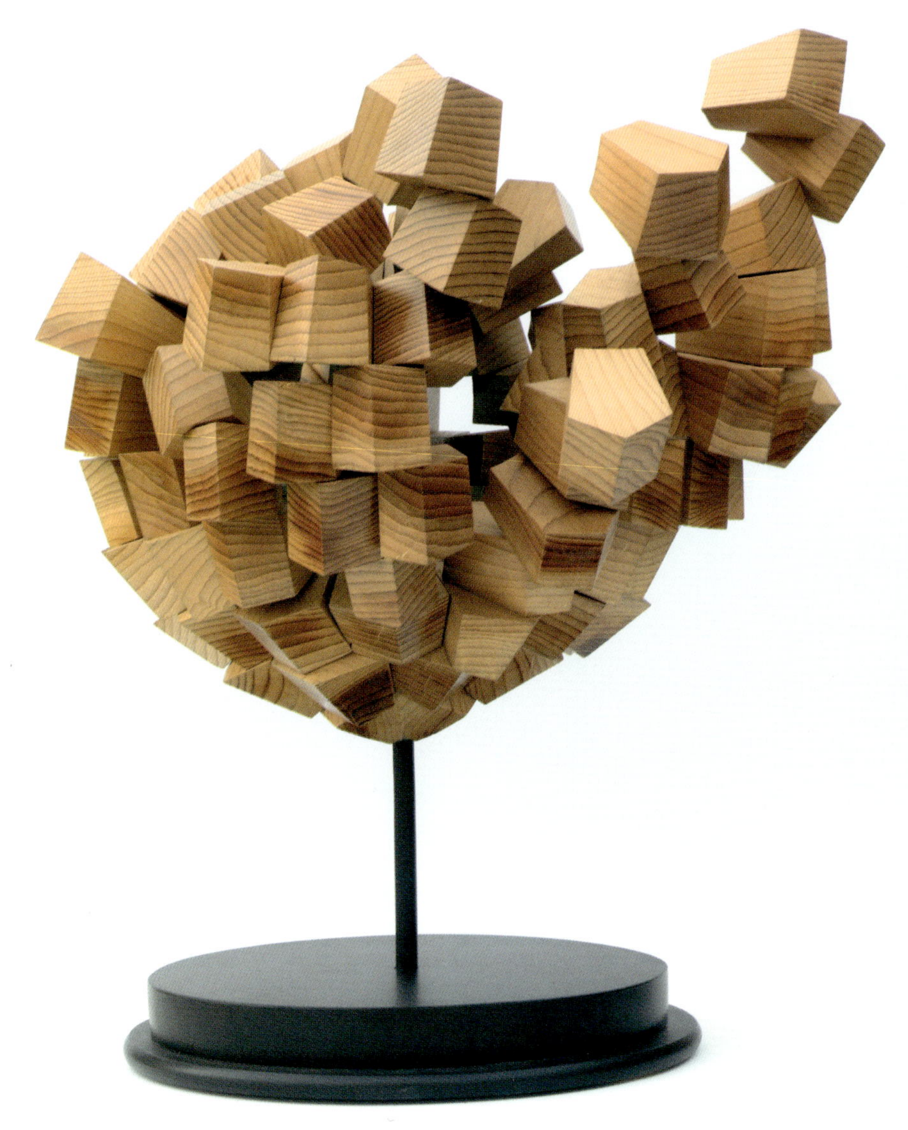

BURBUJA INMOBILIARIA. 70 x 53 x 60. MADERA DE CEDRO, COLOR Y HIERRO

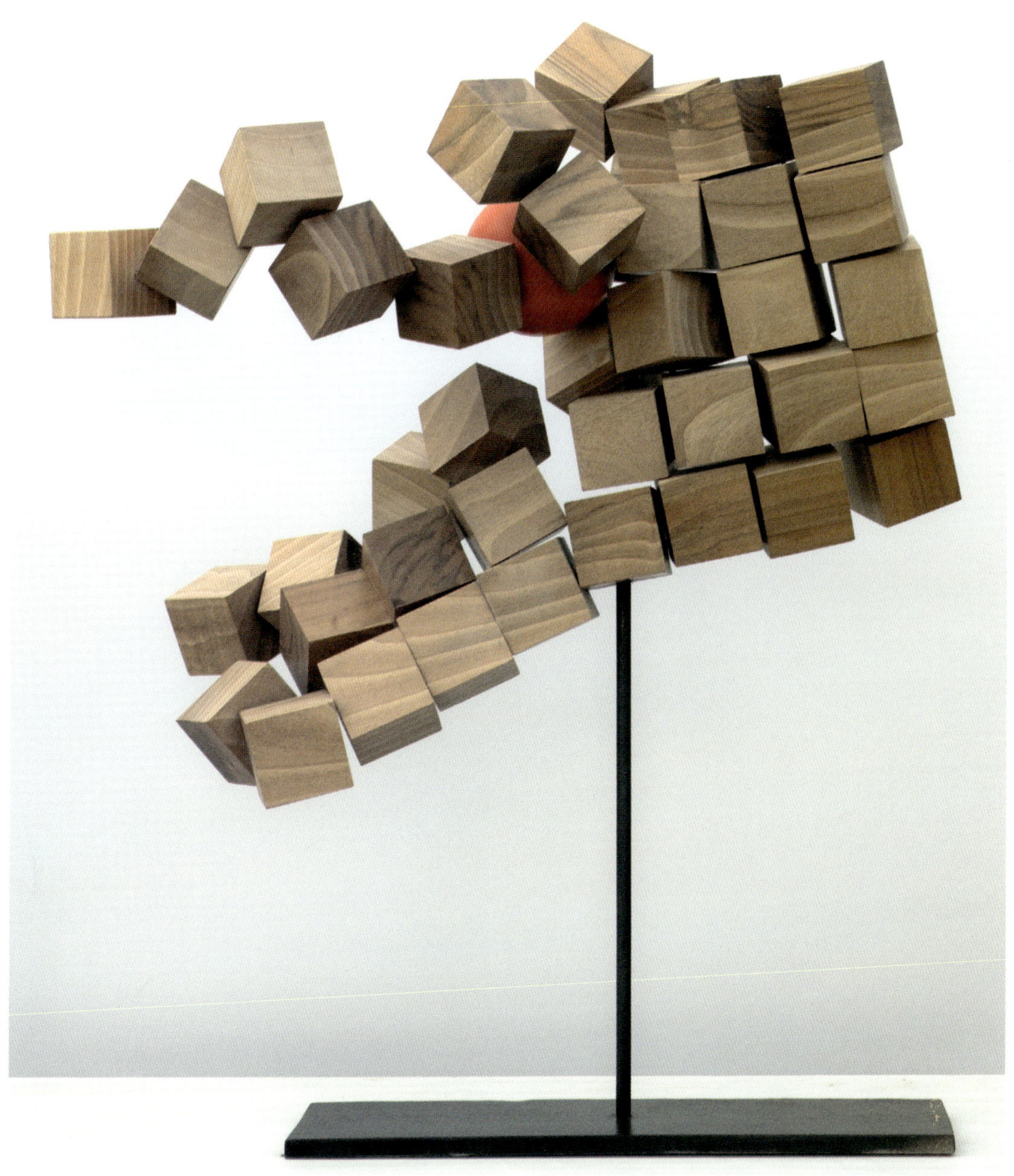

GAZA. 60 x 50 x 25. MADERA DE NOGAL, COLOR Y HIERRO

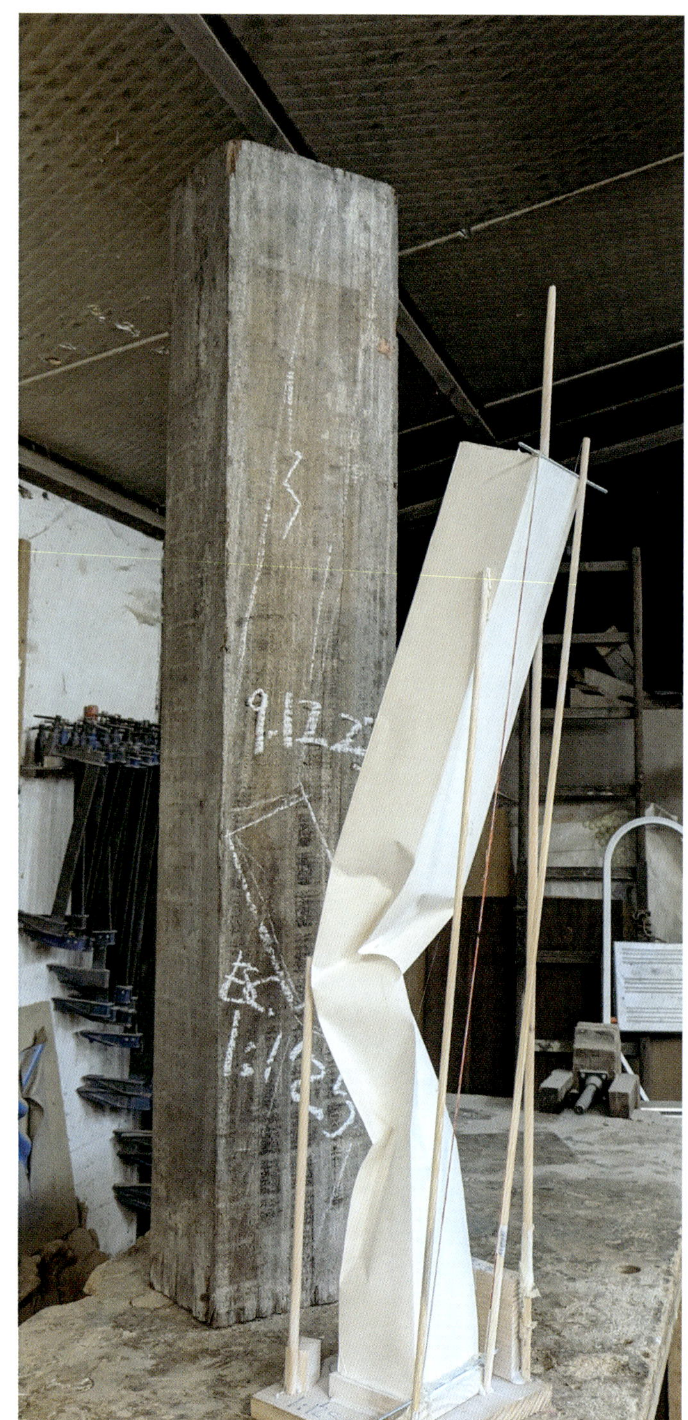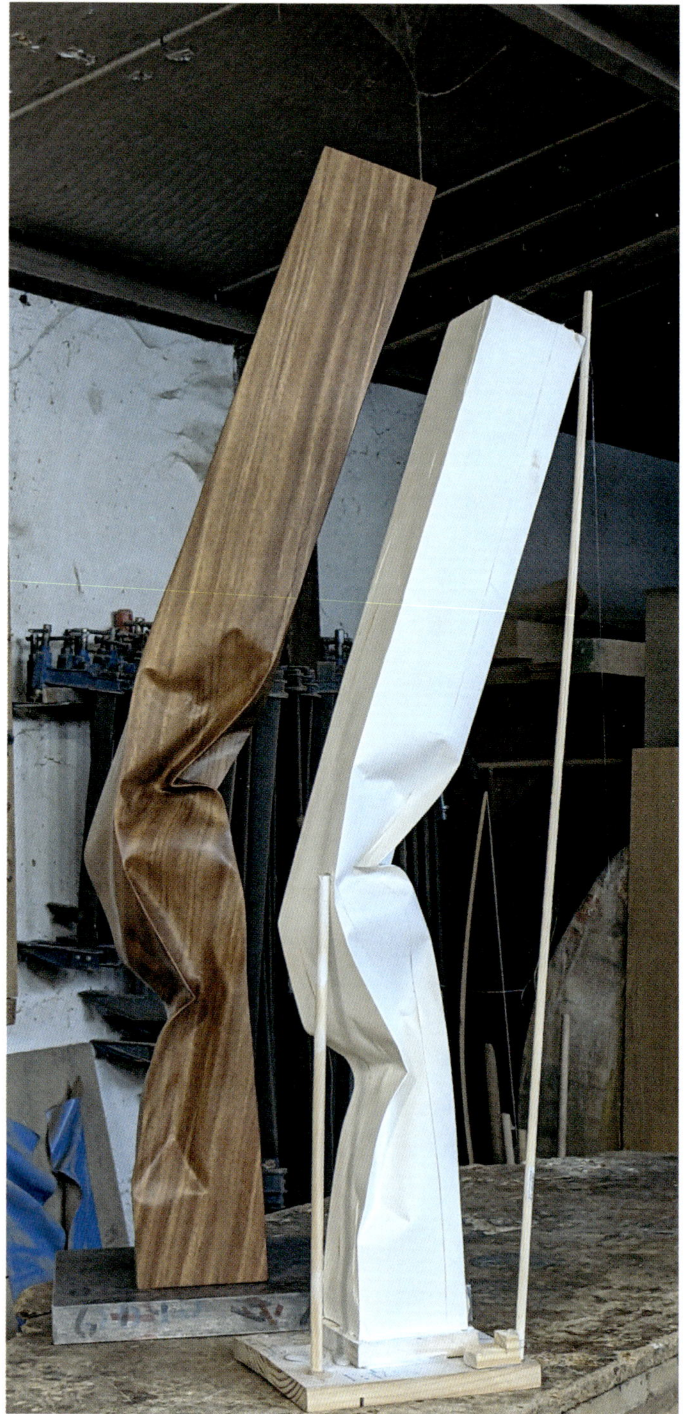

ISRAEL. 125 x 27 x 3. MADERA DE JATOBA. TALLA DIRECTA Y ACRÍLICO

ÁLVAREZ ILZARBE
PAMPLONA, 1954

EXPOSICIONES INDIVIDUALES

2019 Sala Bolosea. San Martín del Castañar. Salamanca.
2018 Iconografía Unamuniana. Sala de Exposiciones de San Eloy. Salamanca.
Hotel Las Claras. Salamanca.
2017 Galería Luis Méndez. Salamanca.
2016 Oficina Principal de Correos. Madrid.
Galería Ángel Cantero. León.
Peluquería Antonio Garrido. Madrid.
2015 Serendipity. Salamanca
2011 Palacio de Figueroa. Casino de Salamanca. Salamanca.
2010 Centro Cultural. Navasfrías. Salamanca.
2006 Galería Felisa Navarro. Vitoria.
2005 Galería Paloma 18. Burgos.
Museo Arte Contemporáneo. Cifuentes. Guadalajara.
2004 Galería Pintzel. Pamplona.
Galería Irina Maldonado. Toledo.
2003 Casa De Cultura. Huerta. Salamanca.
Centro Comercial "El Tormes". Santa Marta de Tormes. Salamanca.
2002 Palacio de Cultura. Guarda. Portugal.
1999 Museo Tiflológigo. ONCE. Madrid.
Galería Lorenzo Colomo. Valladolid.
1997 Sala de Exposiciones del Edificio España. Salamanca.
Centro Cultural Galileo. Madrid.
1996 Sala Navarrete El Mudo. Ibercaja. Logroño.
Galería Paloma 18. Burgos.
Galería Espacio 36. Zamora.
1995 Galería Colecciones Iruña. Pamplona.
1994 Galería Castilla. Valladolid.
Sala de Exposiciones "La Salina". Diputación de Salamanca. Salamanca.
Fundación Germán Sánchez Ruipérez. Peñaranda de Bracamonte. Salamanca.
1993 Fundación Josep Comaposada. Barcelona.
1992 Caché. Zamora.
1991 Sala García Castañón. Caja de ahorros Municipal de Pamplona. Pamplona.
1990 Caché. Zamora.

PARTICIPACIÓN EN EXPOSICIONES COLECTIVAS

2016 Giar, Gijón.
Galería Michel Menéndez. "Un escaparate del arte navarro contemporáneo" Pamplona.
Serendipiy. Salamanca.
2015 FERIA DE ARTE CONTEMPORÁNEO. San Sebastián.
2013 Figuraciones. Centro Cultural "Los Álamos". La Antilla. Lepe. Huelva.
2012 302 Años de Escultura y Fotografía Contemporánea. Palau de Congressos d´Eivissa.

2011 Museo Tiflológico. ONCE. Madrid.
2010 Deproart. Pamplona.
2007 Galería Felisa Navarro. Vitoria.
2006 Galería Felisa Navarro. Vitoria.
2005 Galería Paloma 18. Burgos.
2003 Galería Paloma 18. Burgos
2003 ARCALE. V Feria de Arte de Castilla y León. Palacio de Congresos y de Exposiciones. Salamanca.
CREARTE. X Feria de Arte de Alba de Tormes. Salamanca.
Santo Domingo de Guzmán. Palabra e imagen. Caleruega. Burgos. Claustro medieval. MM. Dominicas.
Colectiva de verano. Galería del Edificio España. Salamanca.
Colectiva de pintura y escultura. Celorico da Beira. Portugal.
Paisaje, arte y naturaleza. Fundación Germán Sánchez Ruipérez. Peñaranda de Bracamonte. Salamanca.
2002 ARCALE. VI Feria de Arte de Castilla y León.
Arte y Paisaje. Huerta, Salamanca.
2000 ARCALE. IV Feria de Arte de Castilla y León. Palacio de Congresos y de Exposiciones Salamanca.
El tercer milenio. Colectivo Gardena. Pabellón de Mixtos de la Ciudadela de Pamplona.
CREARTE. IX Feria de Arte de Alba de Tormes. Salamanca.
Arte y naturaleza. Huerta. Salamanca.
1999 Salamanca 53 artistas: Sala de exposiciones de Caja Duero en Valladolid y Zamora. Centro Cultural Caja Duero de Plasencia. Centro Cultural Gaya Nuño, de Caja Duero, en Soria.
El Camino de Santiago. Pabellón de Mixtos de la Ciudadela de Pamplona. Sala de Exposiciones del Ayuntamiento de Puente la Reina. Casa de Cultura "Almudi" de Estella. Casa de Cultura "Valle Santoro" de Sangüesa.
ARCALE. III Feria de Arte de Castilla y León. Palacio de Congresos y Exposiciones. Salamanca.
CREARTE 99. VIII Feria de Arte de Alba de Tormes. Salamanca.
Colectiva de verano. Sala de Exposiciones del Edificio España. Salamanca.
El arte en tus manos. Sala de Exposiciones de Caja Duero. Béjar. Organizada por la ONCE.
Es cuestion de medida. De metros. Galería Raya Punto. Salamanca.
IV Supermercado de Arte. Galería del Edificio España. Salamanca.
1998 Naturaleza y ecología. Grupo de Artistas de Navarra. Polvorín de la Ciudadela. Pamplona.
ARCALE. II Feria Internacional de Arte de Castilla y León. Salamanca.
CREARTE 98. VII Feria de Arte de Alba de Tormes. Salamanca.
Salamanca, 53 artistas. Sala de Exposiciones La Salina. Diputación de Salamanca. Fundación Germán Sánchez Ruipérez de Peñaranda de Bracamonte. Casa Municipal de Cultura de

Ciudad Rodrigo. Salas de Exposiciones de Caja Duero en Béjar y Palencia.
1997   Ventana abierta. Polvorín de la Ciudadela. Pamplona.
CREARTE 97. VI Feria de Arte de Alba de Tormes. Salamanca.
ARCALE. I Feria Internacional de Arte de Castilla y León. Salamanca.
Colección de Arte Contemporáneo "Ciudad De Pamplona". Sala de Armas de la Ciudadela. Pamplona
1995   Cuba, una obra de arte. Palacio de Abrantes. Salamanca.
CREARTE 96. Alba de Tormes. Salamanca.
Mantener la cultura en cuba. Palacio de Abrantes. Salamanca
Vertidos y contaminaciones artísticas S.L. Conventual de San Francisco. Trujillo. Cáceres.
1992   Galería Vermell. Castellón.
1991   Caché. Zamora

OBRAS EN

. Museo de la Automoción (Salamanca)
. Iglesia de San Esteban de Gorraiz (Navarra)
. Basílica de Santo Domingo de Caleruega (Burgos)
. Edificio San Boal (Salamanca)
. Monumento a Ramos Andrade (Navasfrías, Salamanca)
. Convento de San Esteban (Salamanca)

Y en las COLECCIONES de

. Diputación de Salamanca
. Junta de Castilla y León
. Ayuntamiento de Pamplona
. Caja de Ahorros de Navarra
. Ibercaja
. Museo Tiflológico de Madrid (ONCE)
. Museo de Arte Contemporáneo de Cifuentes

ANDRÉS LASANTA

"La escultura nace de la necesidad de representar el mundo, no como es, sino como lo siento.

Una necesidad vital, que dependiendo de lo que alimente mi ánimo voy más estreñido o más suelto.

En cualquier caso si se me cierra el camino…, estoy muerto."

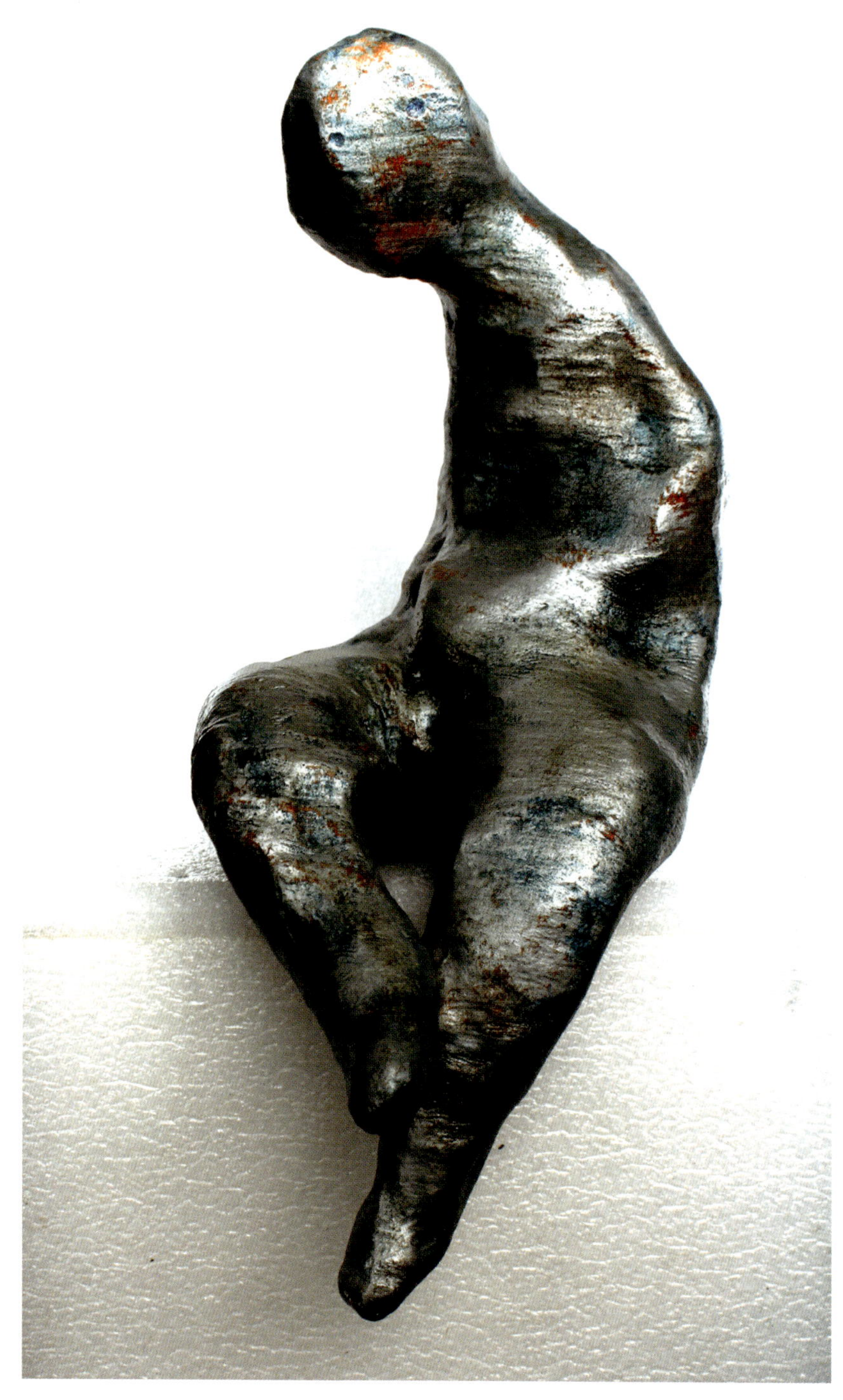

ABSORTO. 40 x 25 x 0,20. ESPUMA POLIURETANO ALTA DENSIDAD POLICROMADA

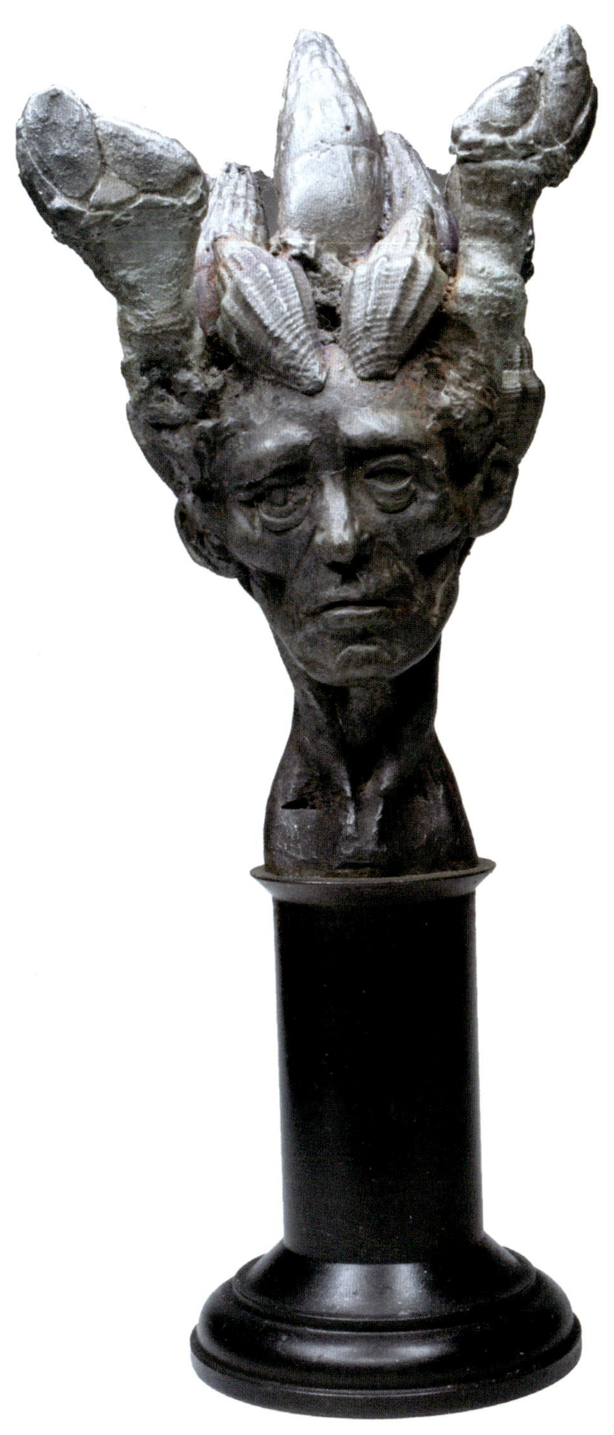

AJEDREZ. 75 x 75 x 30. BRONCE, CRISTAL, MADERA

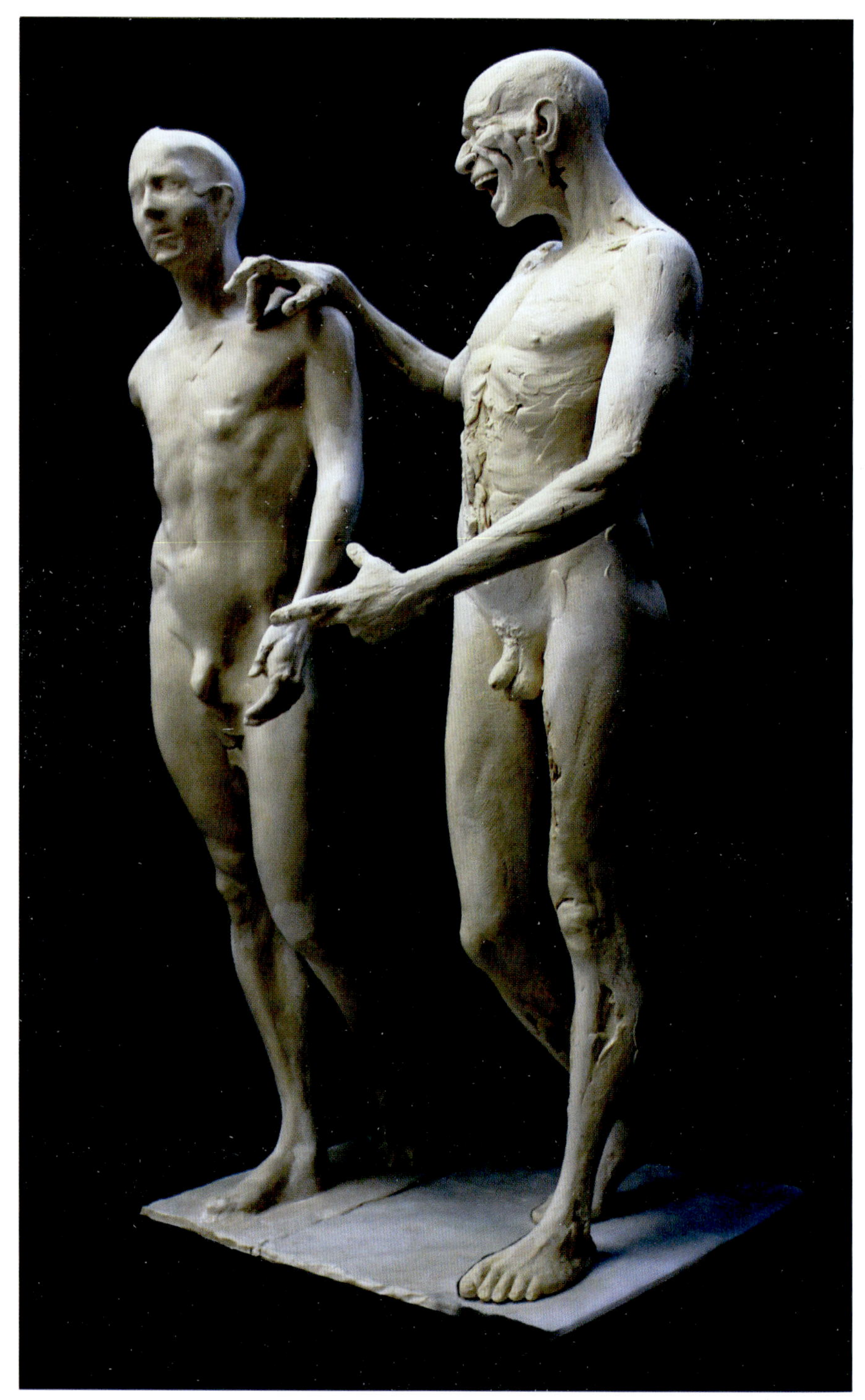

BITROCO. 75 x 47 x 180 (CON PEANA). BRONCE Y ACERO CORTEN (PEANA).
OBRA REALIZADA CON JOSÉ MANUEL MARTÍNEZ PÉREZ.

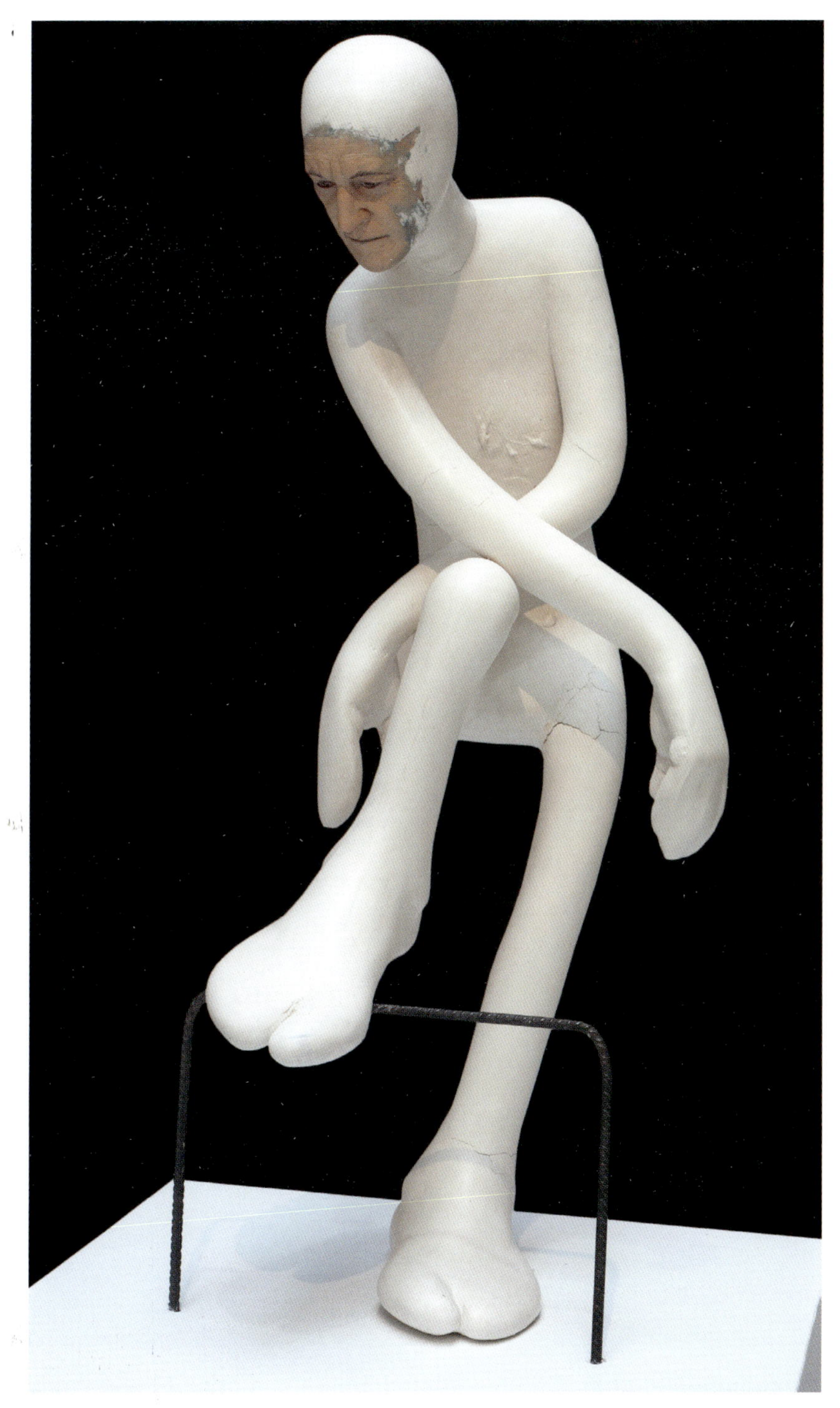

EL ESLABÓN PERDIDO. *42 x 48 x 98. RESINA POLICROMADA*

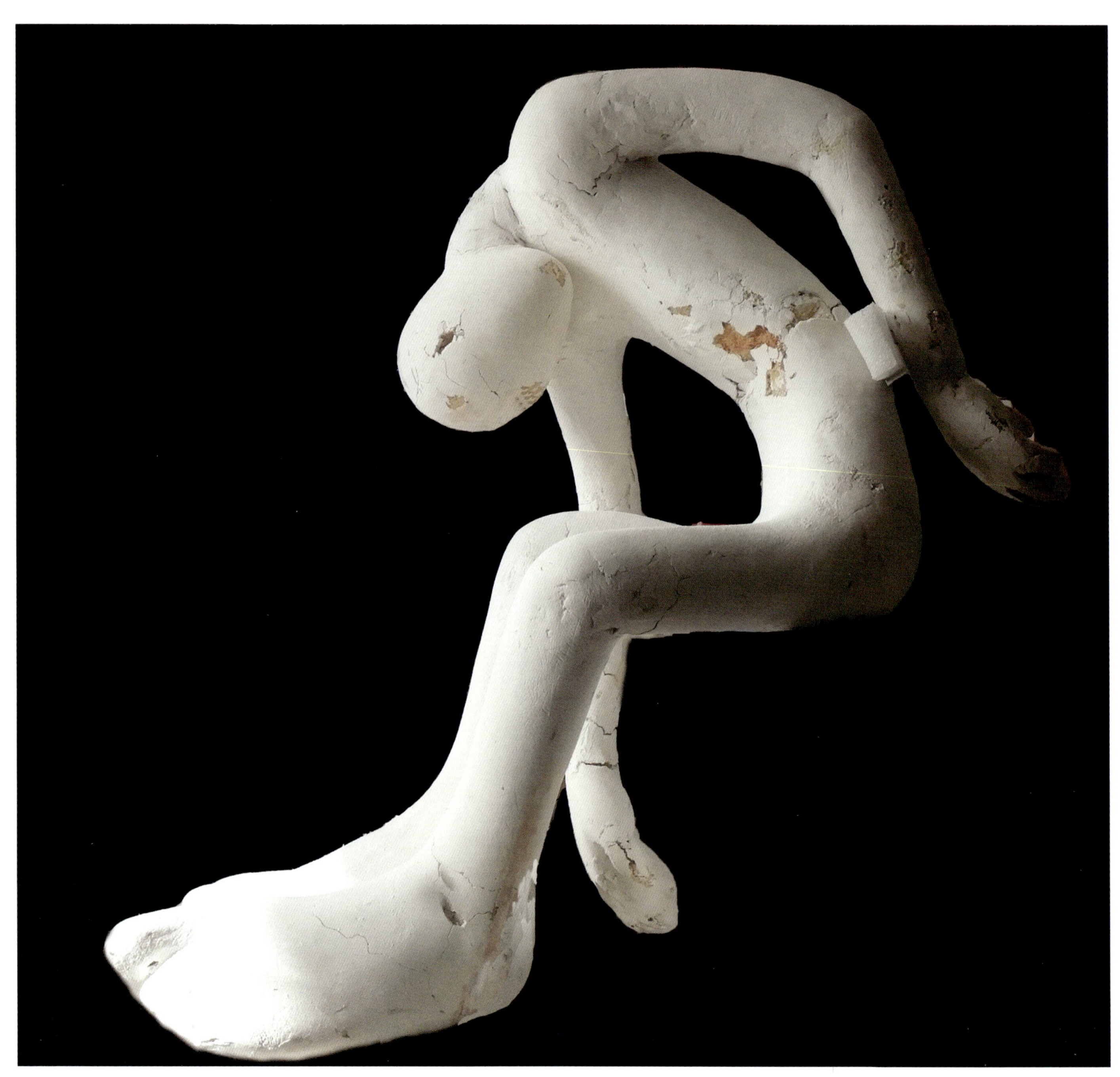

EL EXLABÓN ECHADO A PERDER. 80 x 60 x 45. RESINA POLICROMADA

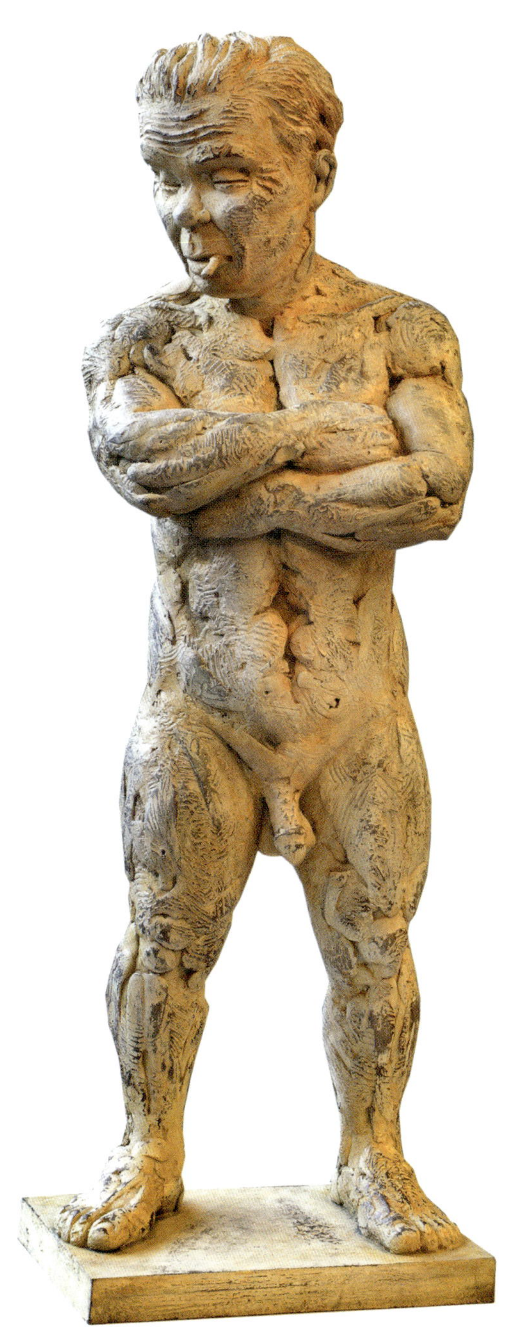

ENAMORADO. 14 x 12 x 40. BRONCE

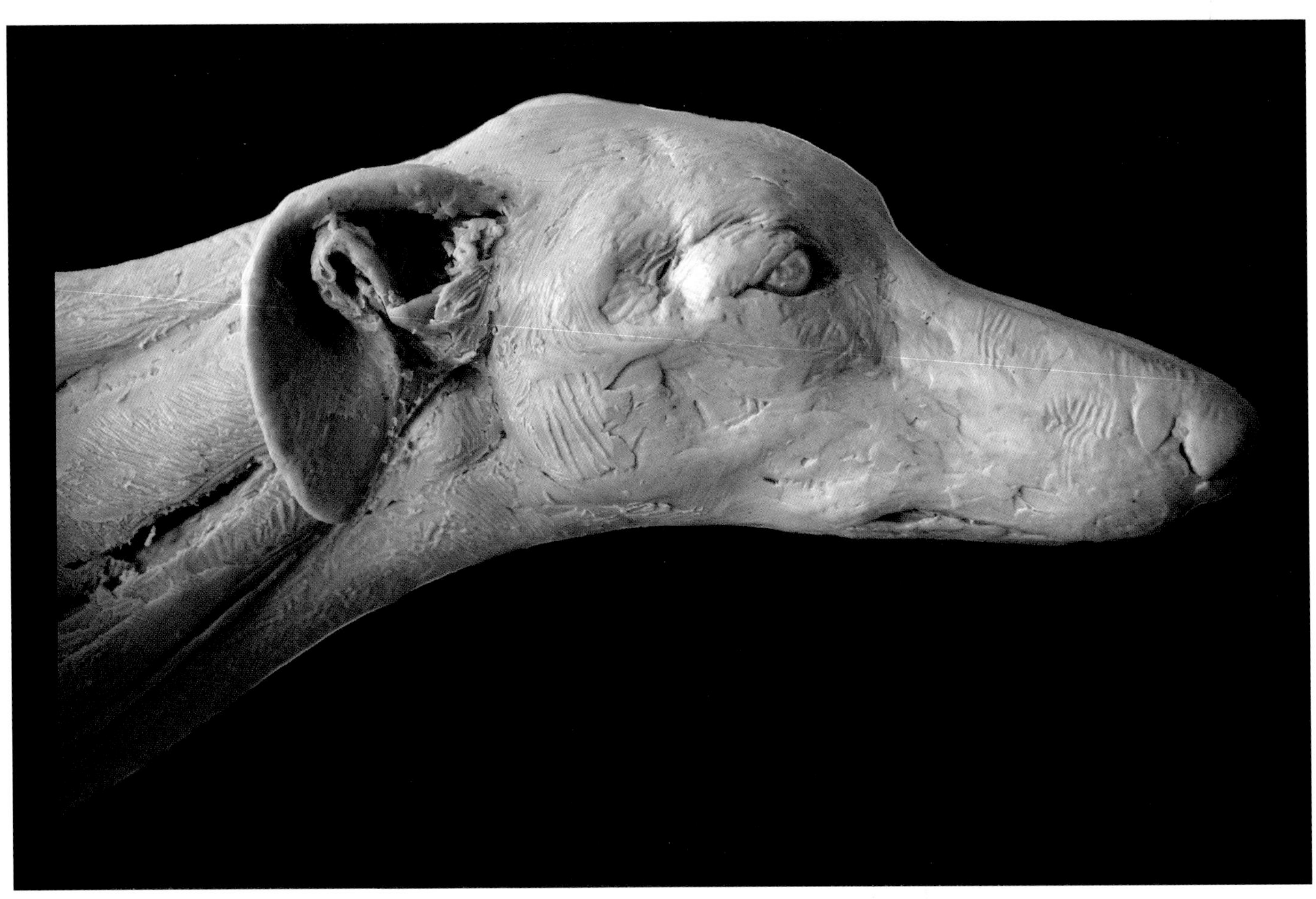

GALGA. 70 x 20 x 45. RESINA

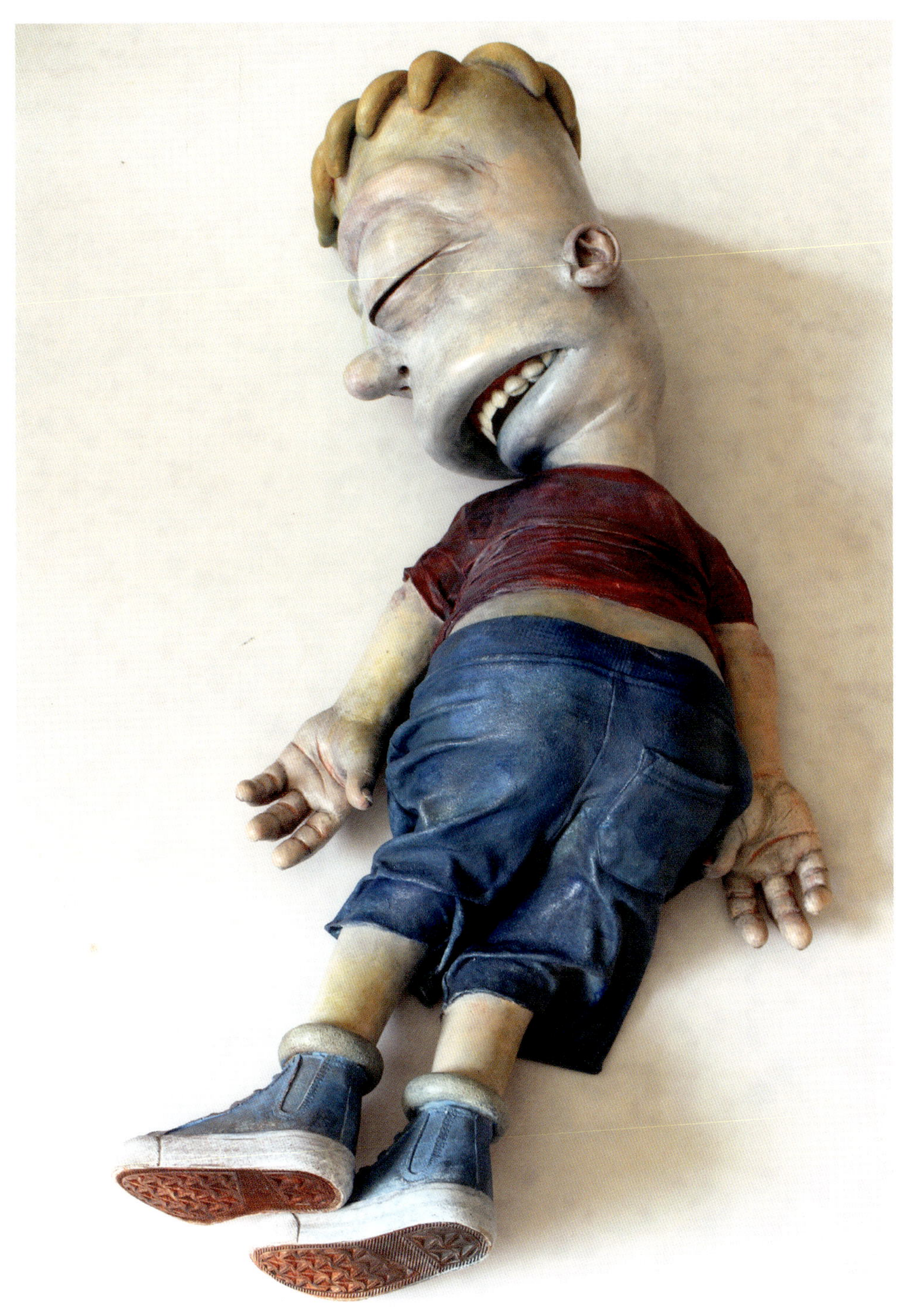

LA SOLUCIÓN FINAL: MULTIPLÍCATE POR CERO. 91 x 50 x 22. RESINA POLICROMADA

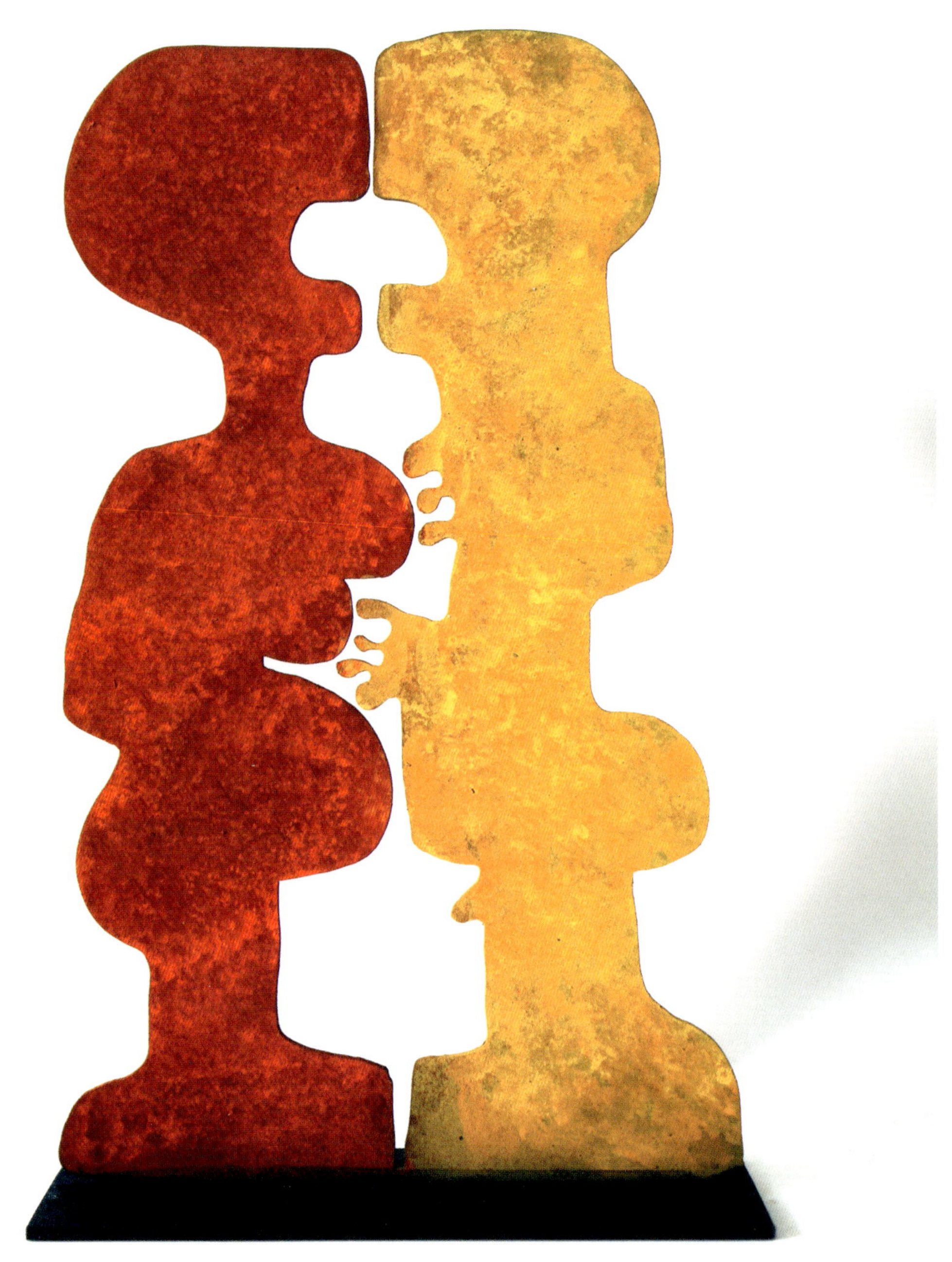

PAREJADOS. 25 x 18 x 0.3. ACERO CORTEN PINTADO

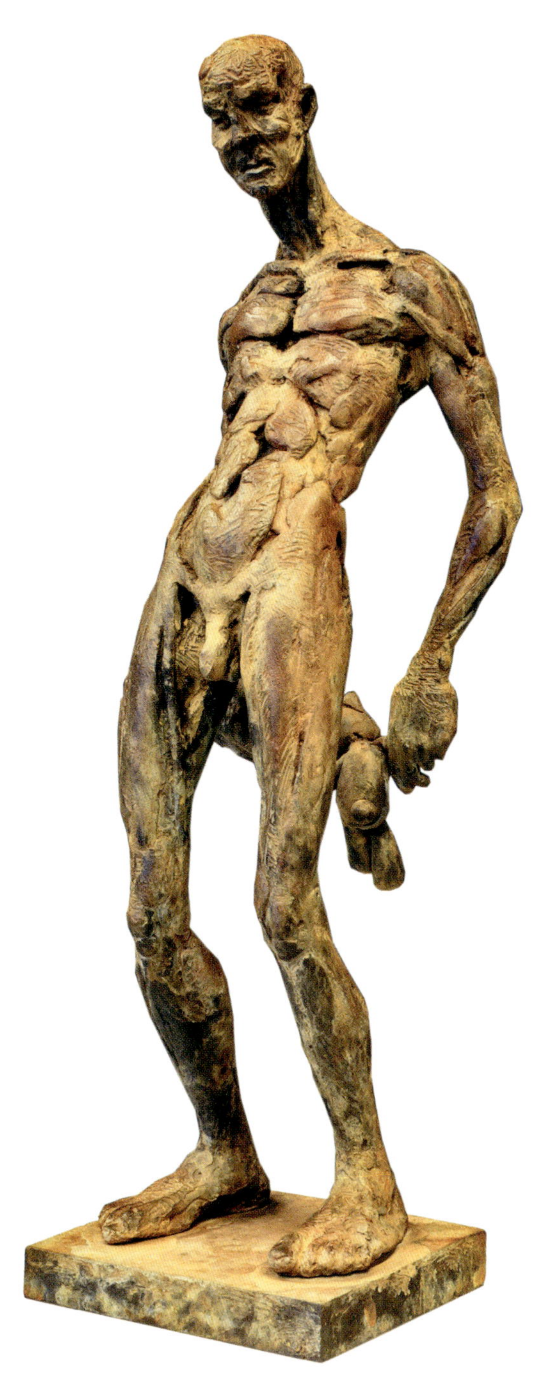

PEDRO BREAD. 9 x 9 x 33. BRONCE

31

ANDRÉS LASANTA JIMENO
Licenciado en Bellas Artes. Universidad Complutense de Madrid. Esp. Diseño

OBRA PÚBLICA

2023   Escultura "Flow Basket" por encargo de FIBA como regalo a la ciudad húngara de Debrecen.

2019   Busto del presidente de la FIBA "Patrick Baumann". Mies. Suiza.
Busto (Recreación) de la lingüista "María Moliner". Ayuntamiento de Paniza. Zaragoza.

2015   Busto del primer presidente de la FIBA "Williams Jones". Mies. Suiza.

2013   Monumento "Al Pastor Trashumante". Los Campos. Soria.

2012   Monumento a "Miguel Fustegueras Álvarez-Valdés". Ponferrada. León.
"Aliuup". Escultura. Maison du basket. Mies. Suiza.
"Final incierto". Escultura. Maison du basket.Mies. Suiza.

2011   "Revolera". OBRA TAURINA. MESÓN LA TAURINA. MADRID.
Busto a la subinspectora de policía "Rosa Crespo". Copias en Madrid y Zaragoza.

2008   Instalación del monumento a Leonardo Torres Quevedo. Pza. de la Ciencia. Santander.

2007   Busto del fundidor "Miguel Ángel Codina". Fundición Codina. Madrid.

2006   Grifo-Escultura "Gamba". Puertollano. Ciudad Real.

2005   Copia del Monumento a "Leonardo Torres Quevedo" para el Ayto. de Santander.

2004   Monumento al ingeniero "Leonardo Torres Quevedo". Museo del Aire. Getafe. Madrid.

2003   Busto del expresidente de la FIBA "Borislav Stankovic". Mies. Suiza.

2002   Diseño de fuente y realización del grupo escultórico: Animales Autóctonos de la provincia de Burgos. Parque Illera. Burgos.
Busto del químico "Ángel del Campo". Casa Museo de los Arroyo. Arrecife. Lanzarote.

2001   Busto del dramaturgo "Tirso De Molina". Plaza de Tirso De Molina. Getafe. Madrid.
Busto del patriarca gitano "Carlos Heredia". Getafe. Madrid.
Relieve del escudo de la villa de Buitrago de Lozoya. Madrid.

2000   Busto del químico "Enrique Moles Ormella". Casa Museo de Los Arroyo. Arrecife. Lanzarote.
Busto de la lingüista "María Moliner". Ayuntamiento de Paniza. Zaragoza.
*2 Copias adquiridas por la Diputación General de Aragón.
Busto del industrial "Elpidio Sánchez Marcos". Elsamex S.A. Madrid.

1998   Busto del Alcalde de Getafe "J.A. Ron". Getafe .Madrid.
Grupo Escultórico "Ingravidez Suspendida". Espacio 2014. Alcobendas. Madrid.

1997   Busto del físico "Arturo Duperier Vallseca". Casa Museo de Los Arroyo. Arrecife. Lanzarote.

1996   Escultura de Águila Real para Red Eléctrica de España.

Busto del biólogo "Augusto González Linares" (gran formato). Cantabria.
Busto de "Augusto González Linares". Casa Museo de Los Arroyo. Arrecife. Lanzarote.

1995   Escultura conmemorativa de la "1ª Feria de la Comunicación Expointe'95".
Busto del físico "Julio Palacios". Ayuntamiento de Paniza. Zaragoza.
Recreación del busto a "Julio Palacios" Julio Palacios Instituto. Alcobendas. Madrid.
Monumento al físico "Blas Cabrera Felipe". Parque José Ramírez Cerdá. Arrecife. Lanzarote.
Busto del ingeniero "Leonardo Torres Quevedo". Casa Museo de Los Arroyo. Arrecife. Lanzarote.

1994   Esculturas de Triceratops, Tyrannosaurus Rex y Deinonichus. Museo Nacional de Ciencias Naturales de Madrid.
Busto de "Blas Cabrera Felipe". Casa Museo de Los Arroyo. Arrecife. Lanzarote.
Busto de "Julio Palacios". Casa Museo de Los Arroyo. Arrecife. Lanzarote.

TROFEOS Y MEDALLAS

2017   Escultura de cabra de gredos para el Ayto. de Hoyos del Espino. Ávila.

2015   Medalla "Carrera Internacional de Canillejas". Madrid.

2013   Medalla "Carrera Internacional de Canillejas". Madrid.

2011   Medalla "Carrera Internacional de Canillejas". Madrid.

2007   Medalla premios anuales "Árboles del año", patrocinados por el Ministerio de Medioambiente.

2006   Propuestas trofeo para la F.I.B.A. Europa.
Trofeo de Golf.

2004   Medalla Conmemorativa de la inauguración del monumento a "Torres Quevedo" en el Museo del Aire.
Escultura-Trofeo de la Carrera Internacional de Canillejas. Madrid.

2003   Diseño de la Medalla Conmemorativa de la IV Bienal de Baloncesto en las Bellas Artes.

2002   "Medalla de Oro de la Ciudad". Buitrago de Lozoya. Madrid.

1999   Escultura "Cabeza de Águila Real". Premio "Asociación de Fotógrafos de la Naturaleza".
Medalla conmemorativa de la "Segunda Bienal del Baloncesto de las Bellas Artes".

1998   Escultura "Cabeza de Oso". Premio "Asociación de Fotógrafos de la Naturaleza".

1995   Escultura conmemorativa "Primera Feria de la Comunicación Expointe'95".

1994   Diseño de la Medalla conmemorativa de la Carrera Internacional de Canillejas.
Escultura-Trofeo "Carrera Internacional de Canillejas". Madrid.

*copia adquirida por el Área de Deportes de la Comunidad de Madrid.

1992   Escultura-Trofeo "Carrera Internacional de Canillejas". Madrid.

OBRA GRÁFICA

2015   Cartel "Carrera Internacional de Canillejas". Madrid.
2013   Cartel "Carrera Internacional de Canillejas". Madrid.
2011   Cartel "Carrera Internacional de Canillejas". Madrid.
2005   Cartel "Carrera Internacional de Canillejas". Madrid.
        Diseño del logotipo representativo de la XXVI Carrera Internacional de Canillejas.
2004   Cartel "Carrera Internacional de Canillejas". Madrid.
        Diseño del logotipo conmemorativo del XXV Aniversario de la Carrera Internacional de Canillejas.
1999   Cartel "Segundos Juegos Populares"de la Comunidad de Madrid.
1994   Cartel "Carrera Internacional de Canillejas". Madrid.
1993   Cartel"Carrera Internacional de Canillejas". Madrid.
        Cartel "Primeros Juegos Populares" de la Comunidad de Madrid.
        Cartel "Campeonato de Baloncesto a Tres". Estadio de la Comunidad de Madrid.
1991   Cartel de Fiestas. Paniza. Zaragoza.
1988   Colaboración gráfica con la revista "Cable". Ministerio de Cultura. Madrid.
1986   Portada del libro *Tú decides* (Orientación Educativa). Ed. Mondadori.

EXPOSICIONES

2022   Colectiva de escultura. Obras seleccionadas en la XXXII Bienal de escultura Jacinto Higueras de Santiesteban del Puerto. Jaén.
2021   Colectiva de escultura. Obras seleccionadas concurso de pintura y escultura figurativa convocado por la Fundación de Las Artes y Los Artistas.
2018   Individual de escultura. Sala de Correos . Madrid.
        Colectiva de escultura. "Escultura". Centro cultural San Clemente. Diputación de Toledo.
2017   Obras Seleccionadas En El 78 Premio De Valdepeñas. Convocado el Ayto. de Valdepeñas. Ciudad Real.
        Obras seleccionadas en el 52 Premio Reina Sofía. Convocado por la asociación española de pintores y escultores. Centro cultural Casa de Vacas del Retiro. Madrid.
2016   Obras seleccionadas en el 77 premio de Valdepeñas. Convocado el Ayto. de Valdepeñas. Ciudad Real.
        Obras seleccionadas en el 51 Premio Reina Sofía. Convocado por la asociación española de pintores y escultores. Centro cultural Casa de Vacas del Retiro. Madrid.
        Individual de escultura. Sala de estética Antonio Garrido. Madrid.

2015   Obras seleccionadas en el 82 Salón de Otoño. Convocado por la asociación española de pintores y escultores. Centro cultural Casa de Vacas del Retiro. Madrid.
2014   Colectiva de escultura. "Tres siglos de escultura". Exposición itinerante promovida por Fundición Codina.
2013   Colectiva de escultura. "Figuraciones". Sala exposiciones de la Antilla. Lepe. Huelva.
2013   Individual de escultura. Galería Capa. Madrid.
2012   Colectiva. "Exposición conmemoretiva 120 aniversario el bronce desde 1892". Sala exposiones de la fundación diario Madrid. Madrid.
        Colectiva. "Algo más que realismo… VII". Sala Agrupación Artística Aragonesa. Zaragoza.
        Obras seleccionadas en el 79 Salón de Otoño. Convocado por la asociación española de pintores y escultores. Centro cultural Casa de Vacas del Retiro. Madrid.
        Colectiva. "302 Años de Escultura y Fotografía Contemporánea". Palau de Congressos. Ibiza.
2011   Colectiva. Mostra d'Hivern d'Art Modern. Trazos Art Gallery. Apicat. Lleida.
        Inauguración MEAM (Museo Europeo de Arte Moderno). Obra,"Nonato", (permanente). Barelona.
        Individual de escultura. Reial cercle artístic. Barcelona.
        Colectiva. Worl Art Vision. Reial cercle artístic. Barcelona.
        Colectiva. Feria de Arte "DEARTE". Madrid.
2010   Colectiva. Galería Gaudí. Madrid.
        Colectiva. Feria de Arte "Lineart". Gante. Bélgica.
        Colectiva. Obras seleccionadas en el premio de dibujo "Provincia de Guadalajara". Convocado por la Diputación de Guadalajara.
2008   Obras seleccionadas en el III concurso Fundación de las Artes y los Artistas. Fundación Fran Daurel.
2007   Obras seleccionadas en el II concurso Fundación de las Artes y los Artistas. Fundación Fran Daurel. Barcelona.
2006   Esculturas-bustos de distintos científicos españoles. Museo de las Ciencias de Cuenca.
        Individual de escultura. Queens gallery. Sitges. Barcelona.
2005   Permanente de escultura. Centro cultural "Antonio Machado". Madrid.
2004   Obras seleccionadas en la Bienal de Escultura "El Baloncesto en el Deporte". Fundación Pedro Ferrándiz. Alcobendas (Madrid).
        Triceratops. Exposición "Mitología de los Dinosaurios". Museo de Ciencias Naturales. Madrid.
2003   Colaboración escultórica en la exposición "Historia Natural Ilustrada de los Dinosaurios". Sala de Exposiciones Estufa Fría. Parque Juan Carlos I. Madrid.
2000   Obras seleccionadas en el Concurso de Escultura "El Baloncesto en el Deporte". Fundación Pedro Ferrándiz. Alcobendas (Madrid).
1998   Obras seleccionadas en el Concurso Escultura "El Baloncesto en el Deporte".
        Fundación Pedro Ferrandiz. Alcobendas (Madrid).
1997   Obras seleccionadas en el Concurso de Escultura "Paseo Marítimo Zarautz". Donostia.

1995   Colectiva "Primera Feria de la Comunicación Expointe'95". Instituto Internacional de Técnicas Especializadas. I.N.T.E. Madrid.

1994   Individual de Escultura, Pintura y Dibujo. Centro Cultural "Príncipe De Asturias". Madrid.

1993   Individual de Escultura, Pintura y Dibujo. Centro Cultural "Antonio Machado". Madrid.
Individual de Escultura, Pintura y Dibujo. Centro Cultural "Buero Vallejo". Madrid.
Individual de Escultura, Pintura y Dibujo. Centro Cultural "El Madroño". Madrid.
Obras seleccionadas en el Concurso Villa de Madrid "Premio Mariano Benlliure". Conde Duque. Madrid.
Obras seleccionadas del Tercer Certamen de Artes Plásticas. Universidad Popular de Torrejón de Ardoz. Madrid.

1991   Colectiva "Dibujo Geométrico". Facultad de Bellas Artes. Univ. Complutense.
Obras seleccionadas en el "XV Concurso de Escultura Caja Madrid". Galería Casarrubuelos. Madrid.

1988   Colectiva "Espacio Representado". Facultad de Bellas Artes. Univ. Complutense.

PREMIOS

2021   Mención de Honor concurso de pintura y escultura figurativa. Convocado por La Fundación de Las Artes y Los Artistas.

2018   Medalla "Mariano Benlliure" de escultura. Convocado por la Asociación Española de Pintores y Escultores.

2016   Finalista en el 51 Premio Reina Sofía. Convocado por la Asociación Española de Pintores y Escultores.

2012   Premio de Escultura "Santiago de Santiago". Convocado por la Asociación Española de Pintores y Escultores.

2011   Primer premio LARA de Escultura, I concurso de arte académico, Realista e Hiperrealista, pintura, dibujo y escultura figurativa. Convocado por la galería Arte Libre.

2008   Primer premio de Escultura, III concurso de pintura y escultura figurativa. Convocado por La Fundación de Las Artes y Los Artistas.

2007   Mención de Honor II concurso de pintura y escultura figurativa. Convocado por La Fundación de Las Artes y Los Artistas.

2005   Primer Premio de Fotografía "Dalicatessen". Figueras. Gerona.

2002   Segundo Premio de Escultura. "III Bienal del Baloncesto en las Bellas Artes".
Convocado por la Fundación Pedro Ferrándiz. Alcobendas. Madrid.

2000   Mención de Honor de Escultura. "II Bienal del Baloncesto en las Bellas Artes". Convocado por la Fundación Pedro Ferrandiz. Alcobendas. Madrid.

1992   Segundo Premio (Pintura). Concurso de "Botas Sanjuaneras". Ayuntamiento de Soria.

1991   Segundo Premio (Pintura). Concurso de "Botas Sanjuaneras". Ayuntamiento de Soria.

1988   Segundo Premio. Concurso de Carteles convocado por el Ayuntamiento de Madrid. "Fiesta Popular del Árbol".

1987   Segundo Premio. Concurso de Carteles convocado por el Ministerio de Industria. "Calidad en la Empresa".

1986   Segundo Premio. Concurso de Carteles convocado por UNICEF. "Vacunación de todos los niños del mundo antes de 1990".

JOSÉ MANUEL MARTÍNEZ PÉREZ

"… soy un profundo amante del dibujo, me obsesiona el cuerpo humano, lo miro y lo estudio como fuente inagotable de ideas.

Me interesa todo lo humano y lo que nos condiciona, la vida, la muerte, lo femenino, lo masculino, la juventud, la vejez, las pasiones, el tiempo, la duda... Creo que el ser humano debe observar y aprehender en todo lo posible lo que le rodea.

Cuando nos paramos a conocer nuestro entorno nos acercamos a nosotros mismos y esto permite llegar al observador de la obra con más claridad, al fin y al cabo la escultura no es más que un acto de comunicación.

Busco aproximarme todo lo que puedo a la realidad pero en esta carrera siempre termino perdiendo…"

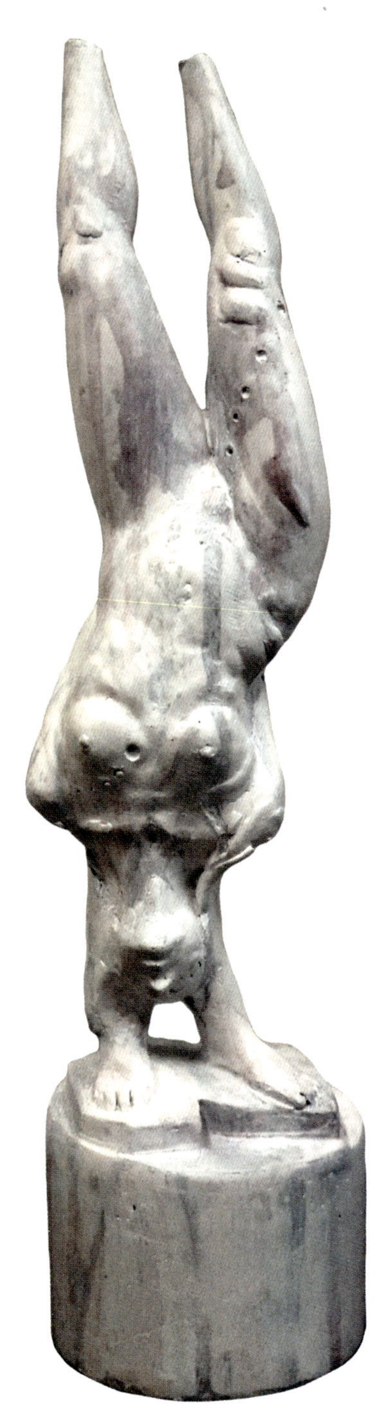

AL REVÉS. 30 x 8 x 8. RESINA ACRÍLICA

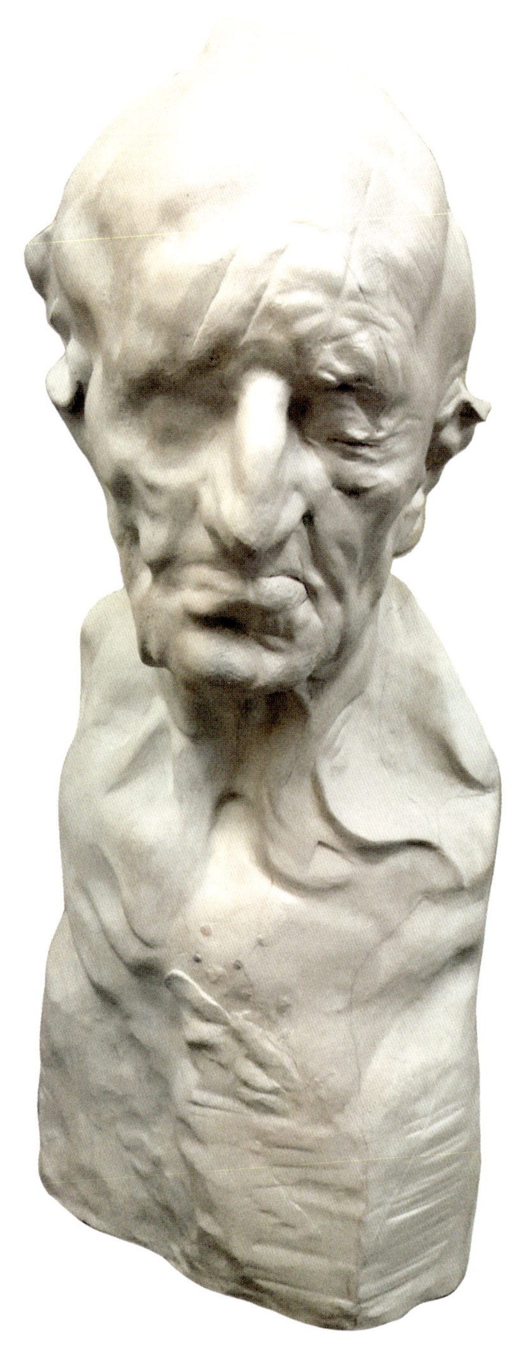

ANCIANO. 67 x 29 x 28. RESINA Y ESCAYOLA

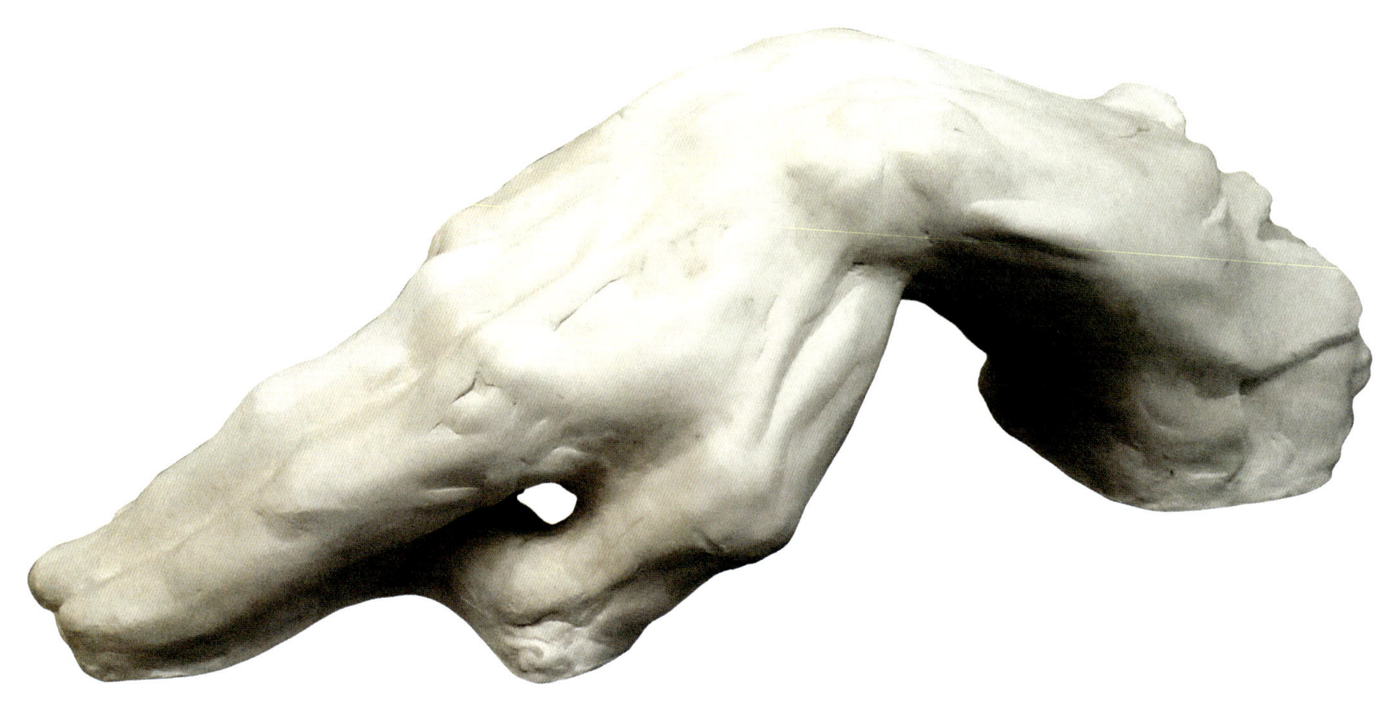

CARICIA. 68 x 24 x 20. RESINA Y FIBRA DE VIDRIO

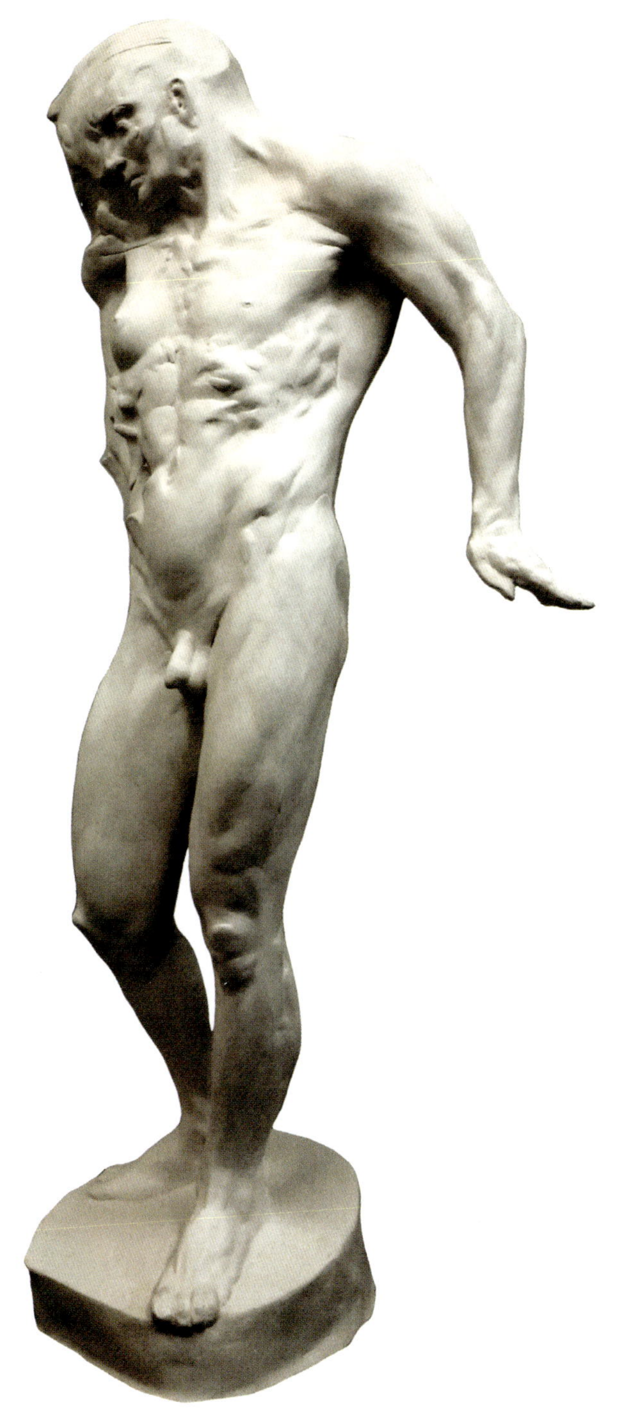

DUAL. 76 x 32 x 20. RESINA Y FIBRA DE VIDRIO

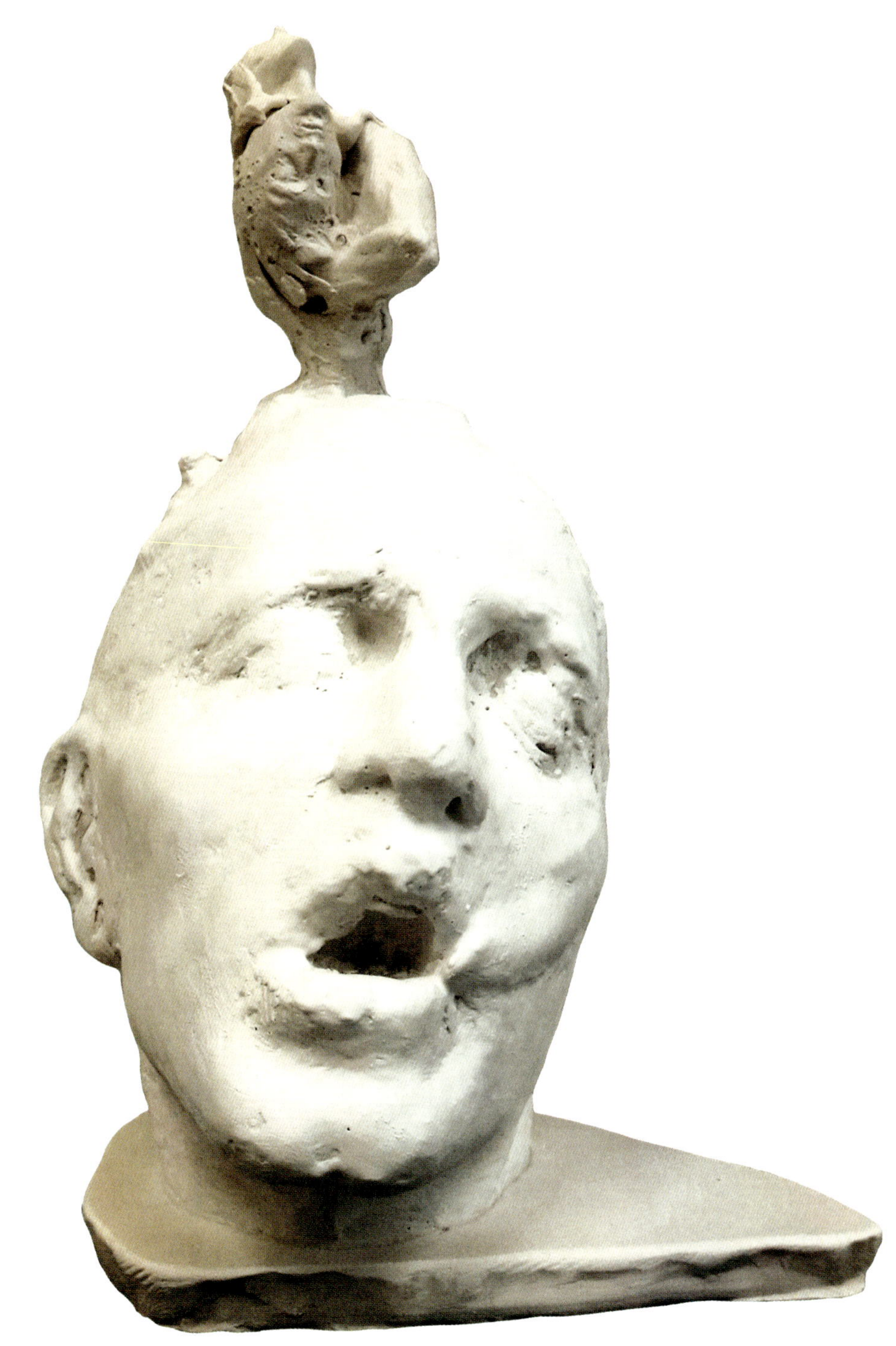

EN MI CABEZA. 34 x 20 x 20. RESINA Y ESCAYOLA

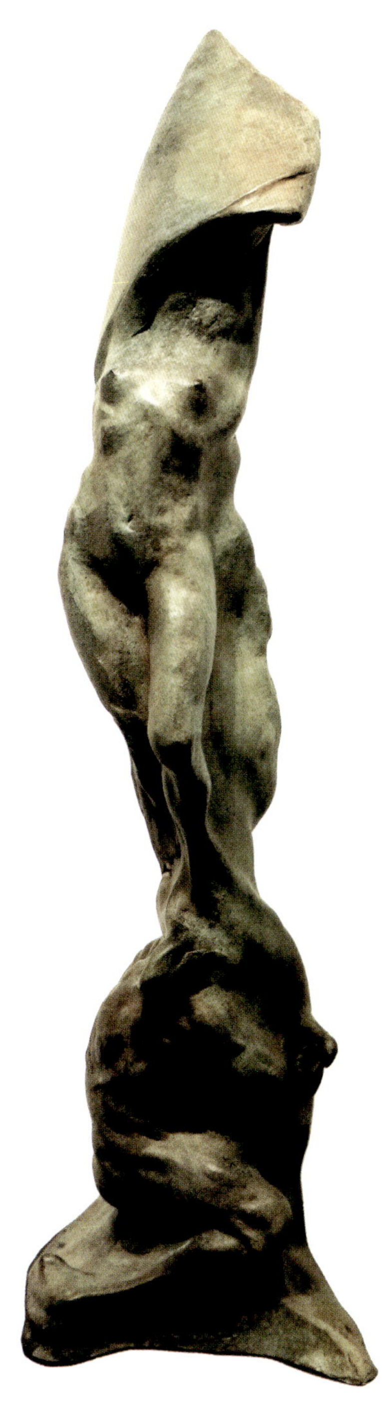

ESPIRAL. 57 x 17 x 12. BRONCE

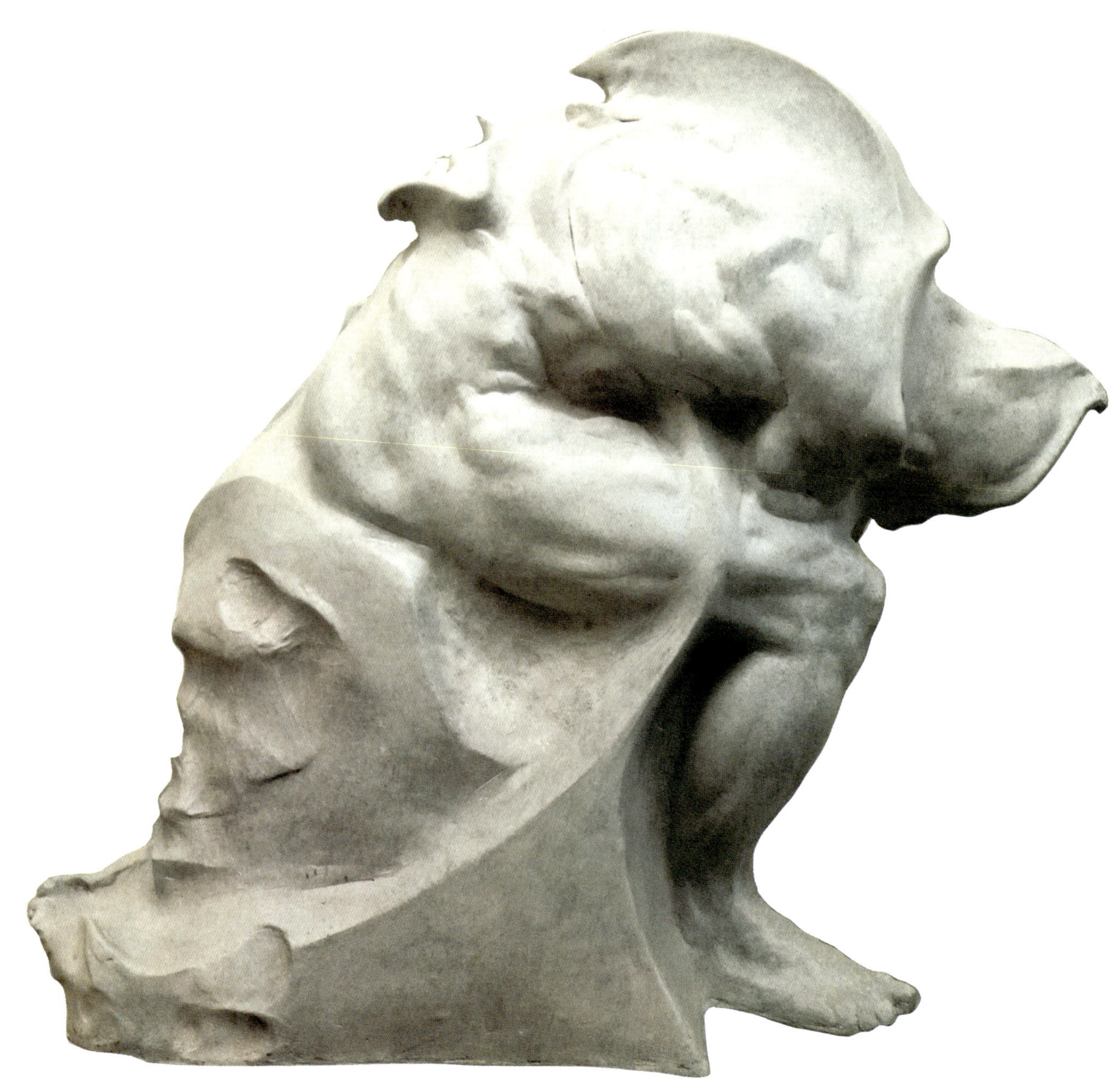

HUELLA. 44 x 46 x 19. RESINA Y FIBRA DE VIDRIO

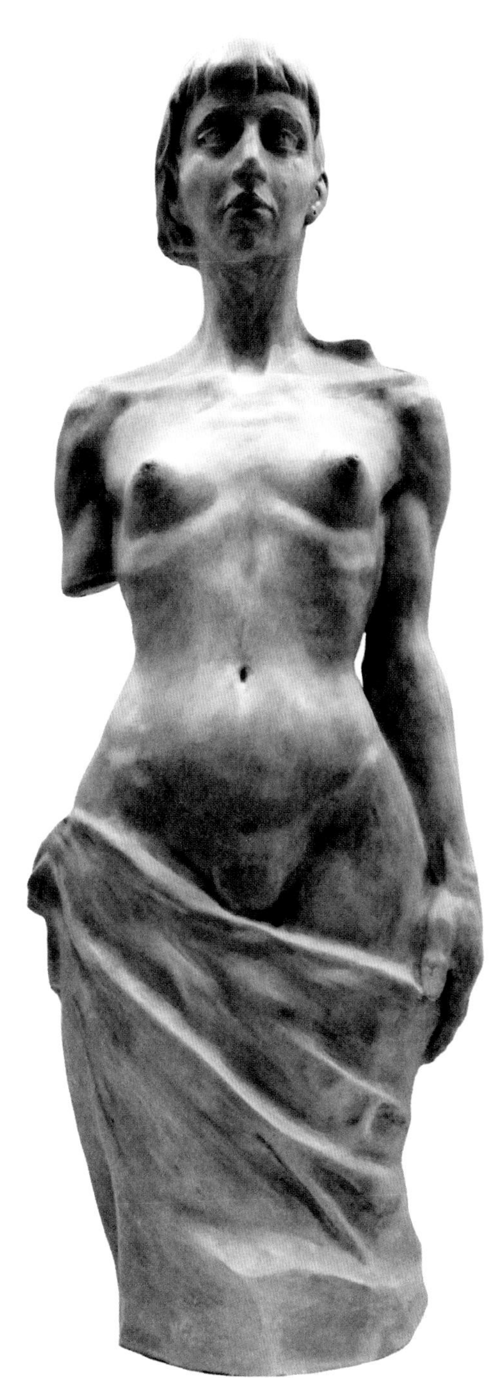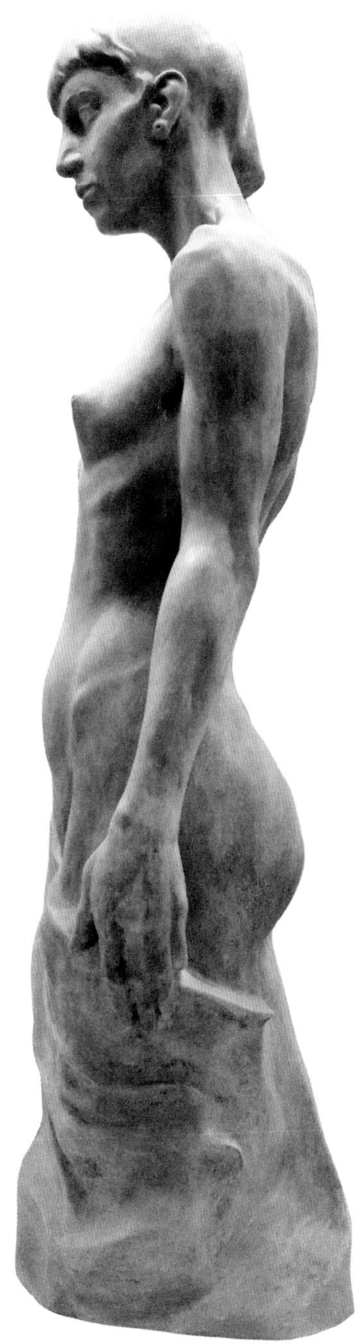

SERENA I. 112 x 39 x 23. RESINA Y FIBRA DE VIDRIO

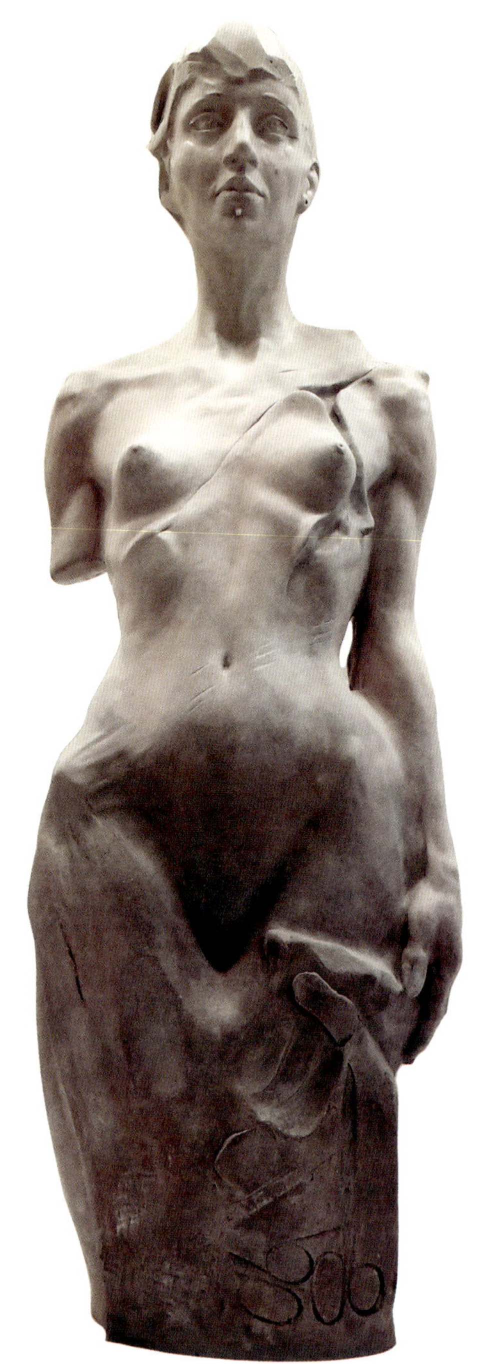 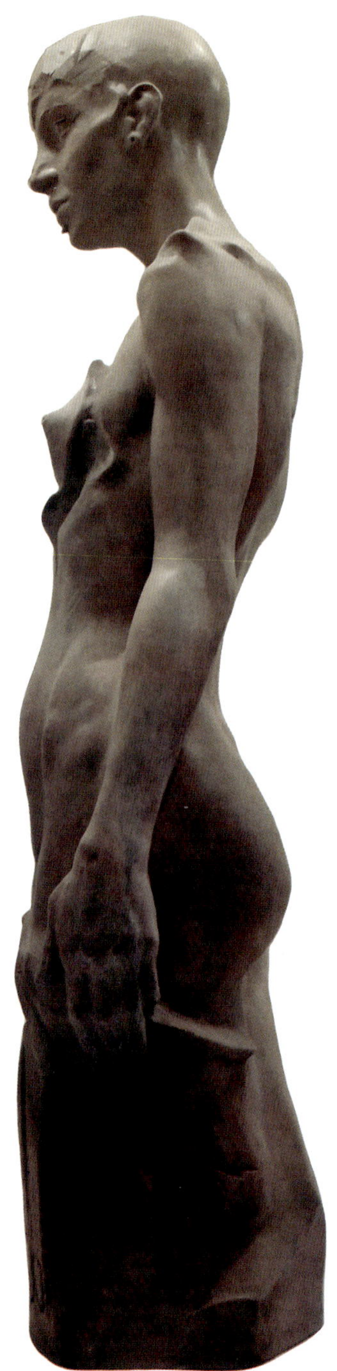

SERENA II. 112 x 37 x 23. RESINA Y FIBRA DE VIDRIO

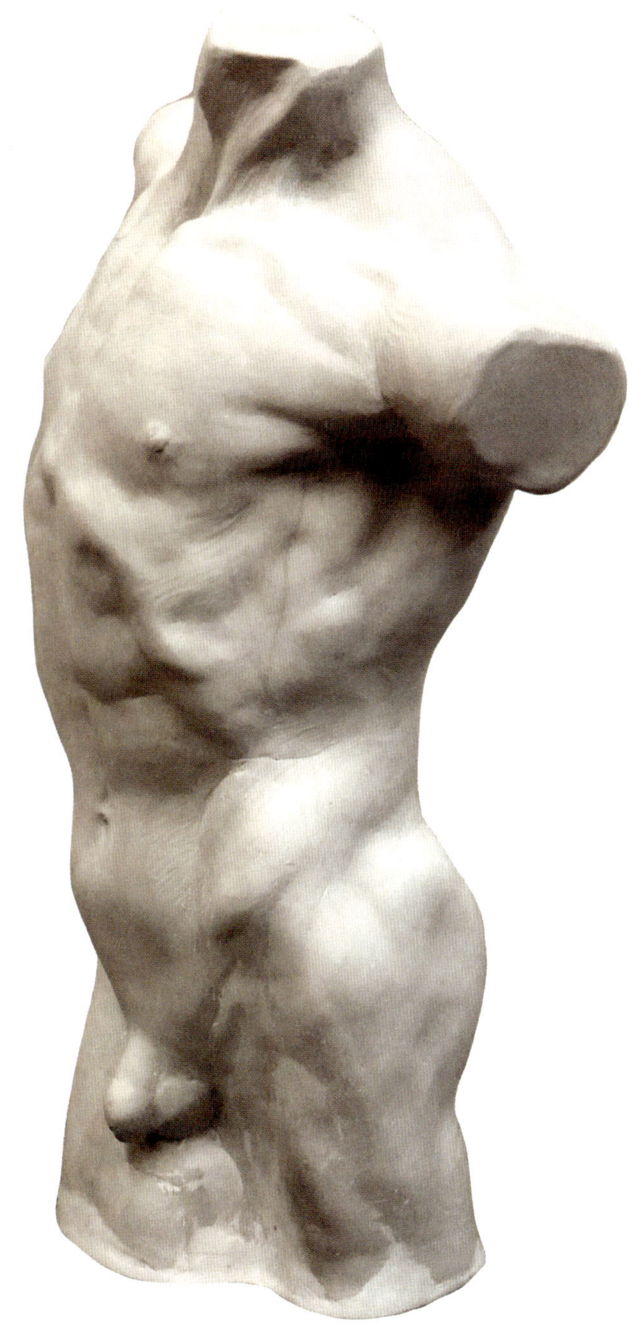

TORSO. 35 x 17 x 10. RESINA Y FIBRA DE VIDRIO

JOSÉ MANUEL MARTÍNEZ PÉREZ

Nace en Lepe (Huelva) en 1972, escultor y licenciado en BB.AA por Sevilla, realiza el C.A.P. en Huelva.

Ha realizado numerosos encargos públicos en su tierra natal entre los que destacan: el monumento a Alonso Barba (2019), el monumento al Marinero (2012), el monumento a la Lectura (2009), el monumento a la ancianidad y la Bella (2007), el monumento al Fútbol (2006) o el monumento al Agricultor (2002), y un busto homenaje a José Folgado Blanco (2021) en Tres Cantos (Madrid). Su obra puede contemplarse en el Museo Europeo de Arte Moderno (MEAM) de Barcelona y en el Museo de Arte Contemporáneo de Sicilia (MACS) en Catania. Ha ganado el 56 premio Reina Sofía de pintura y escultura (2021) y ha recibido la medalla de escultura "Miquel Blay y Fábregas" de la AEPE. También ha sido mención de honor en Figurativas 2019 y 2021. Ha realizado numerosas exposiciones colectivas e individuales en España, EEUU e Italia. Actualmente es profesor de anatomía y dibujo del natural en la Escuela Superior de Dibujo Profesional (ESDIP) de Madrid. En 2020 es nombrado "Hijo Predilecto" por el Ayuntamiento de Lepe, su pueblo.

EXPOSICIONES RECIENTES:

2024. "El cielo será". John Holland Gallery. Lepe (Huelva).

2023. Museo López Villaseñor. Exposición finalistas premio López Villaseñor. Ciudad Real.

2023. Diversitas Veritatis. Madrid Academy of Art. Madrid.

2023. 90 Salón de Otoño. AEPE. C.C. Casa de Vacas del Retiro. Madrid.

2022. XXXII Bienal de escultura Jacinto Higueras. Museo Jacinto Higueras. Santisteban del Puerto. Jaén.

2022. 83 exposición internacional de artes plásticas de Valdepeñas. Ciudad Real.

2022. NOSOTROS. Whycolinogallery. Madrid.

2022. ESCULTURADOS7. Galería Espacio Primavera 9. Madrid

2021. El renacer de la figuración. Colección MEAM. Sala Vimcorsa. Córdoba.

2021. Unión. Exposición colectiva en escuela de arte La Palma. Madrid.

2021. EScultura. C.C. Sanchinarro. Madrid.

2021. Silo2. Pinceles y Cinceles. Silo de Hortaleza. AEPE. Madrid

2021. FIGURATIVAS 2021. Museo Europeo de Arte Moderno. MEAM. Barcelona.

2021. 56 Premio Reina Sofía de pintura y escultura. C.C. Casa de vacas del Retiro de Madrid. 2020. XXXI Bienal de escultura Jacinto Higueras. Museo Jacinto Higueras. Santisteban del Puerto, Jaén.

2020. "Eros, tu cuerpo como excusa". Museo MEAM. Barcelona.

2020. 55 premio Reina Sofía. AEPE. C.C. Casa de Vacas del Retiro de Madrid. 2019. FIGURATIVAS 2019. Museo Europeo de Arte Moderno. Barcelona.

2019. Esculturas. Exposición INDIVIDUAL. Centro cultural Los Álamos de la Antilla en Lepe (Huelva).

2019. "Miscelánea y fluidos". Exposición INDIVIDUAL. Sala Matías Moreno. Escuela de Arte de Toledo.

2019. 54 Premio Reina Sofía. AEPE. C.C. Casa de Vacas del Retiro de Madrid.

2019. Museo de Arquitectura y Urbanismo "Josep Mas Dordal". Almacelles. Lérida.

2019. Parque Escultórico "Parque de Europa". I Congreso Internacional Alma Parque Escultórico. Almacelles. Lérida.

2018. 85 Salón de Otoño (AEPE). C.C. Casa de Vacas de parque del Retiro de Madrid.

2018. "EScultura". AEPE. C.C. San Clemente de Toledo.

2018. XXIX Certamen de pintura y escultura ciudad de Álora. Sala "La Cáncula". Álora. Málaga.

2018. XXIV Certamen de Dibujo Gregorio Prieto. C.C. Casa de Vacas de Parque del Retiro. Madrid

2017. XVIII Certamen de pintura y escultura ciudad de Melilla. Museo Casa Ibáñez. Melilla.

2017. FIGURATIVAS 2017. Fundación de las artes y los artistas. MEAM. Barcelona.

2017. "Fluidos". Exposición INDIVIDUAL. Galería Ángel Cantero. León.

2017. "Fluidos". Exposición individual. Salón de belleza Antonio Garrido. C/ Jorge Juan 43. Madrid.

2016. "Procesos y Fluidos". Exposición INDIVIDUAL. Sala Baluarte. C.C. Adolfo Suárez de Tres Cantos. Madrid.

2016. 77 Exposición Internacional de Artes Plásticas de Valdepeñas. Ciudad Real.

2016. XXIII Certamen de Dibujo Gregorio Prieto. C.C. Moncloa. Madrid.

2016. Fundación Miguel Fuentes del Olmo. Teatro Principal de Andújar. Jaén.

2016. "Al pie de la letra". Palacio de los Condes de Gabia. Granada.

2015. "Scultura, l'evoluzione della materia". Castello di Nelson. Bronte (Sicilia), Italia.

2015. XXIII Certamen de Dibujo Gregorio Prieto. Museo Fundación Gregorio Prieto. Valdepeñas (Ciudad Real).

2015. 82 Salón de Otoño de la Asociación Española de Pintores y Escultores (AEPE). Casa de Vacas del Parque del Retiro de Madrid.

2015. Sala "by Vázquez" de la Escuela Superior de Dibujo Profesional (ESDIP) de Madrid.

2015. "En Esta Bendita Tierra", Sala DBAT de Gibraleón (Huelva).

2015. Colección Internacional de Museo de Arte Contemporáneo de Sicilia (MACS). Catania. Italia.

2015. "Trazos y texturas". Galeria Aramart. Rivas. Madrid.

2015. XI Salón Art Renewal Center (finalista de concurso on line). New Jersey. EE.UU.

2014. XXI BIENAL INTERNACIONAL ARTE NO MORRAZO . Cangas (Pontevedra).

2014. "Desdibujado". Exposición INDIVIDUAL. Galería Ángel Cantero. León.

2014. Arte contemporáneo LLEID'ART.C. C. La Vaguada. Madrid.

2014. "Formato-C". Galería Ángel Cantero. León.

2014. ALBAARTE 2014. Albalate de Zorita. Guadalajara.

2013. ARTE CONTEMPORÁNEO DEL SIGLO XXI (colección permanente). Museo Europeo de Arte Moderno (MEAM) de Barcelona.

2013. ALBAARTE 2013. Albalate de Zorita. Guadalajara.

2013. Escultura Contemporánea. C.C. "Los Álamos" de la Antilla, Lepe (Huelva).

2012. Miami River Art Fair. Lleid'art. Miami. EE.UU.

2012. 302 Años de Escultura Contemporánea. Palacio de Exposiciones y Congresos de Ibiza.

2011. Casa de la Cultura. Parla (Madrid).

2010. FIGURATIVAS 2010. Fundación Fran Daurel. Barcelona.

2010. Fundación de las Artes y los Artistas. Real Casa de la Moneda. Madrid

PREMIOS:

Premio Nacional "Cultura Viva" de Artes Plásticas.

Medalla de escultura Mateo Inurria. AEPE. Salón de Otoño. 2023. Madrid.

Mención de honor de XXXII Bienal de escultura Jacinto Higueras. Santisteban del Puerto. Jaén. Ganador del 56 premio Reina Sofía de pintura y escultura. AEPE. Madrid. 2021

Mención de honor en Figurativas 2021. Fundación de las artes y los artistas. Barcelona. Mención de honor de XXXI Bienal de escultura Jacinto Higueras. Santisteban del Puerto. Jaén. Finalista de 55 premio Reina Sofía. AEPE. Madrid.

Mención de honor y adquisición en "Figurativas 2019". Fundación de las artes y los artistas. Barcelona.

Finalista de 54 Premio Reina Sofía. AEPE. Madrid.

Medalla de escultura Miguel Blay y Fábregas de la Asociación Española de Pintores y Escultores (AEPE). Madrid.

Finalista en Certamen de pintura y escultura "Ciudad de Alora". 2018. Málaga. Finalista en "Figurativas 2017". Fundación de las Artes y los Artistas. 2017. Barcelona. Finalista en Certamen de pintura y escultura "Ciudad de Melilla". 2017. Melilla.

Seleccionado en Certamen de Dibujo Gregorio Prieto. 2017. Valdepeñas (Ciudad Real) Seleccionado en 77 Exposición Internacional de Artes Plásticas de Valdepeñas. 2016. Ciudad Real.

Finalista en XI Salón Art Renewal Center. 2015. EE.UU.

Premio Adquisición. Figurativas 2010. Fundación de las artes y los artistas. Barcelona. Seleccionado en certamen de pintura y escultura ciudad de Parla. 2011.

Seleccionado en certamen Ibérico de escultura de Punta Umbría. Huelva. 2005. Premio Martin Iglesia de Dibujo. Sevilla. 1994.

OBRA EN:

Asociación Española de Pintores y Escultores (AEPE).

Museo Europeo de Arte Moderno (MEAM). Barcelona.

Museo de Arte Contemporáneo de Sicilia (MACS). Catania. Sicilia.

Colección privada "Al pie de la letra" de Pablo Sycet.

Facultad de BB.AA. de Sevilla.

Fundación de las Artes y los Artistas. Barcelona.

Fundación Miguel Fuentes del Olmo. Andújar (Jaén).

Ayuntamiento de Lepe.

ANDREU MORENO

Desde la infancia siempre dibujaba animales, sentía fascinación por ellos y su entorno. Siento una enorme admiración y curiosidad por su mundo, su belleza, así como la brutalidad del mismo que a veces esconde una fragilidad.

A pesar de esto, cuando estoy haciendo una escultura de un animal intento comprender su forma, su textura, intentando encontrar un sentimiento de tranquilidad que me aporte paz interior.

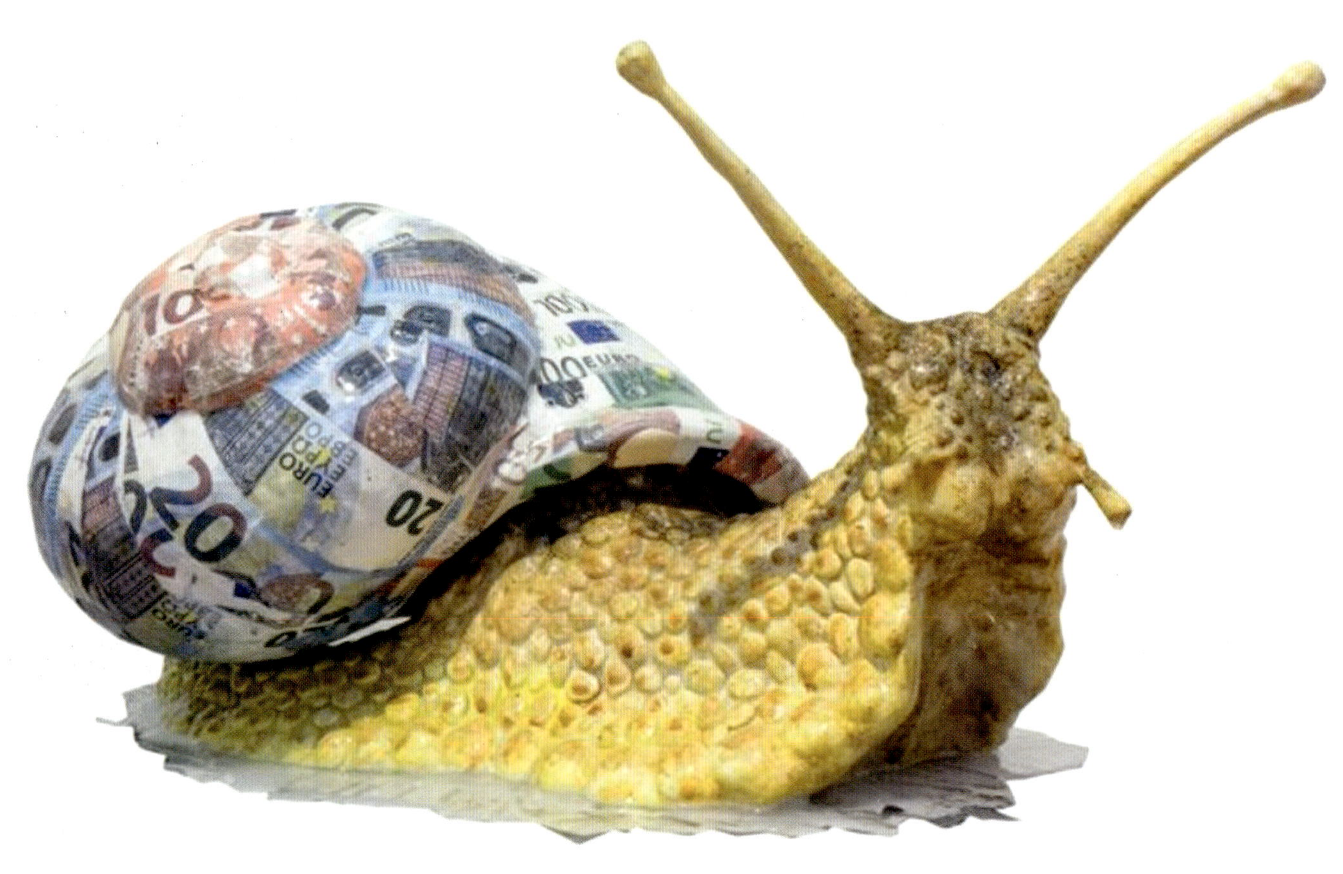

MONEY. 37 cm. FIBRA DE VIDRIO

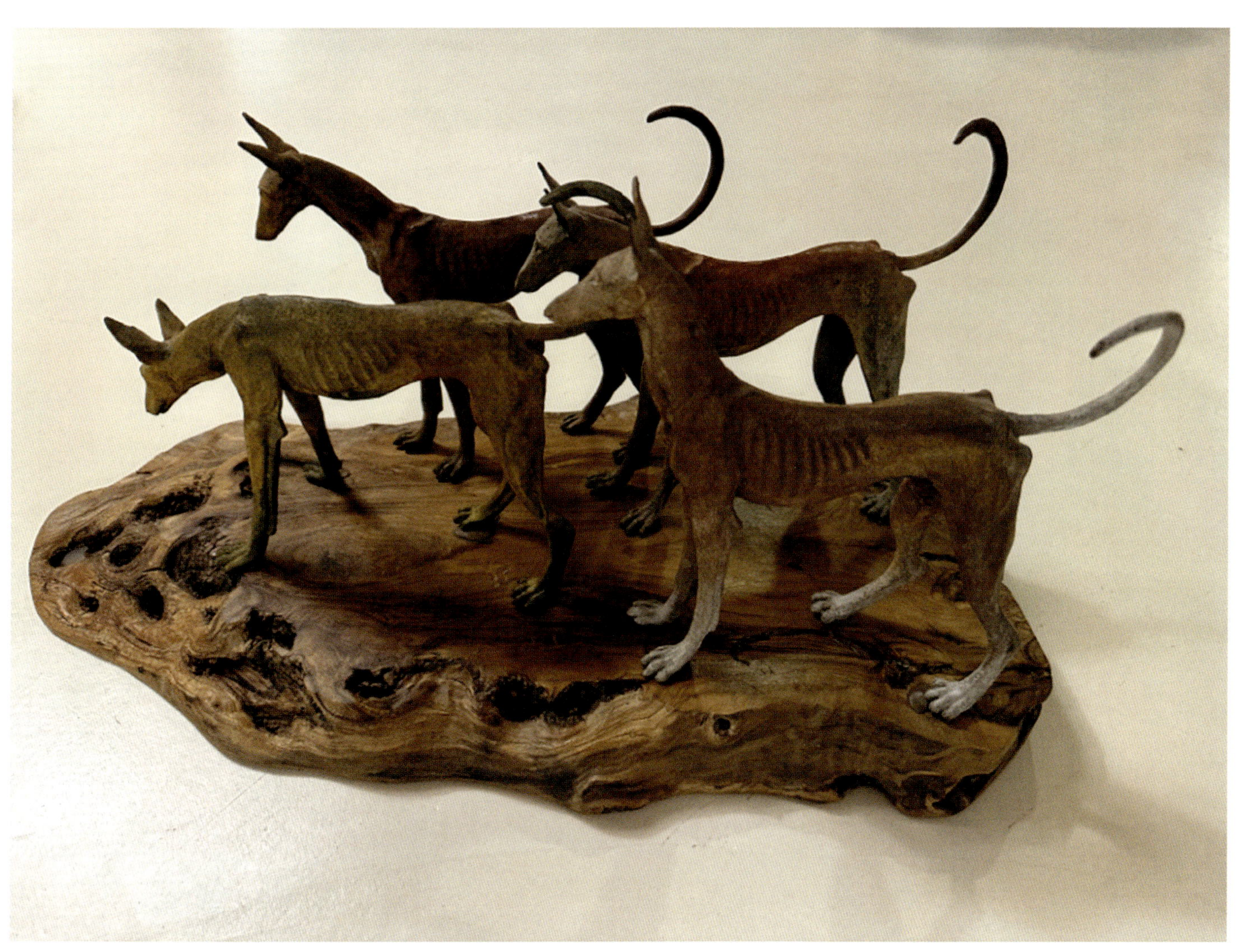

PODENCOS CAZANDO. 48 cm. BRONCE Y MADERA

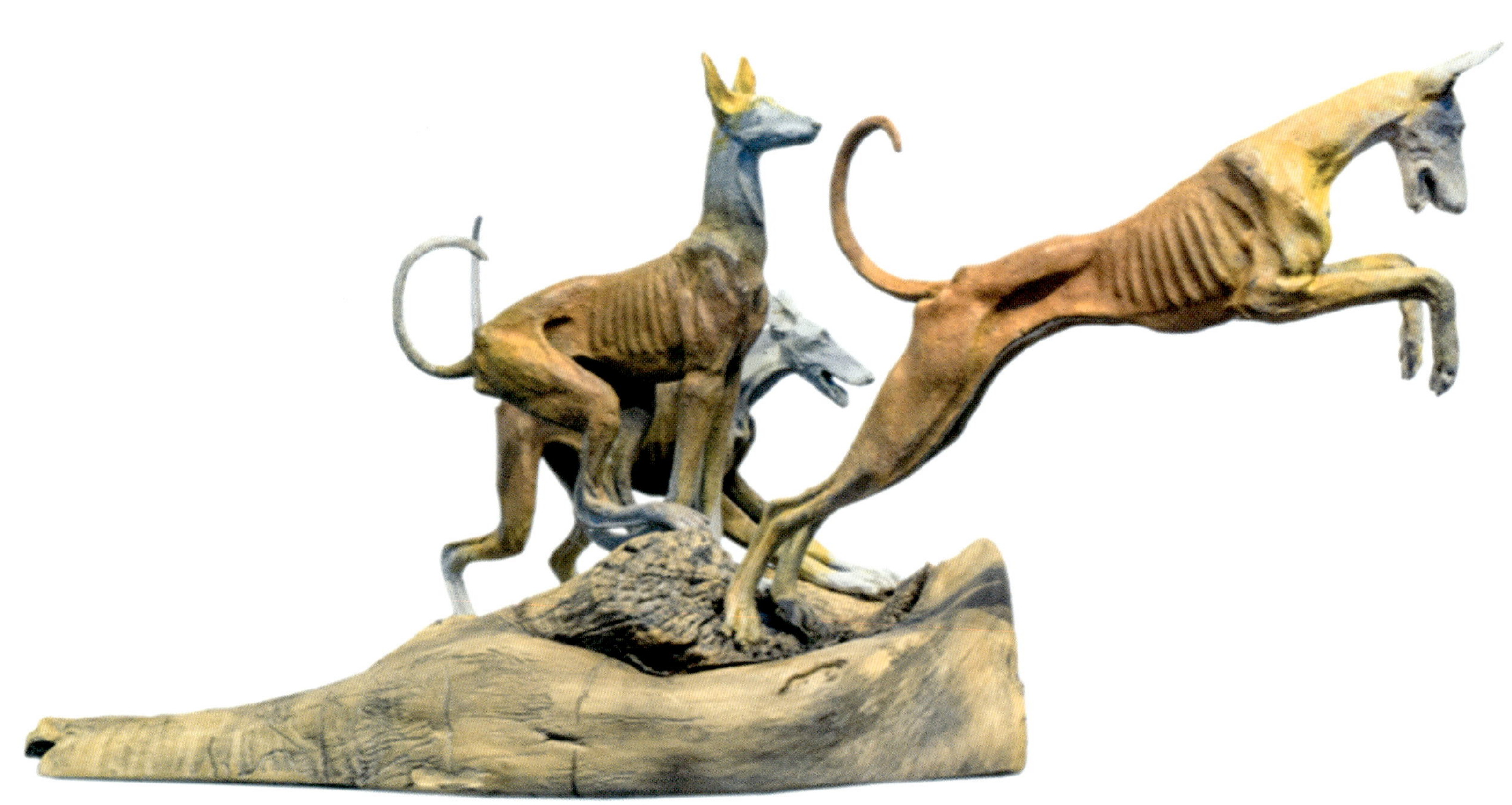

PODENCOS CAZANDO III. 45 cm. BRONCE Y MADERA

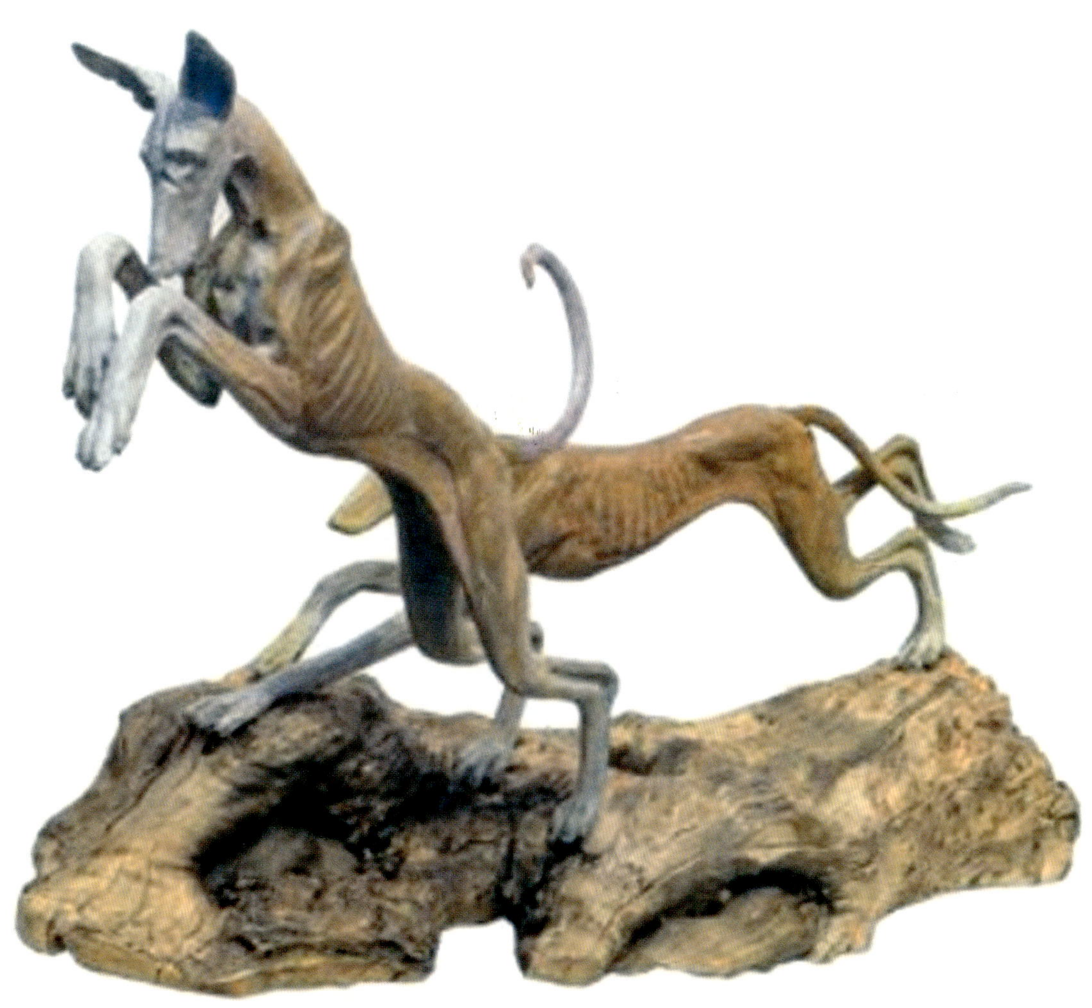

PODENCOS CAZANDO IV. 40 cm. BRONCE Y MADERA

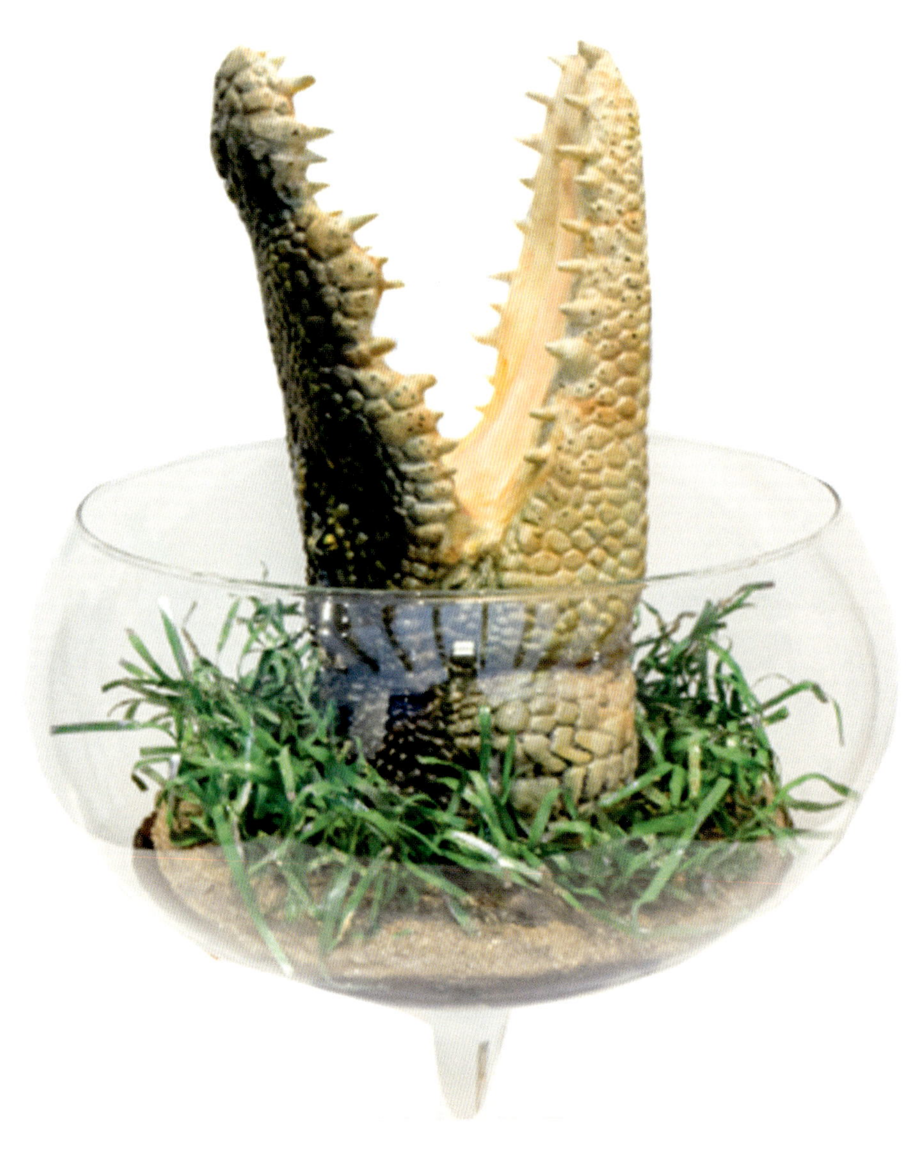

MANDÍBULAS. 50 x 30 cm. CRISTAL, FIBRA DE VIDRIO Y ALUMINIO

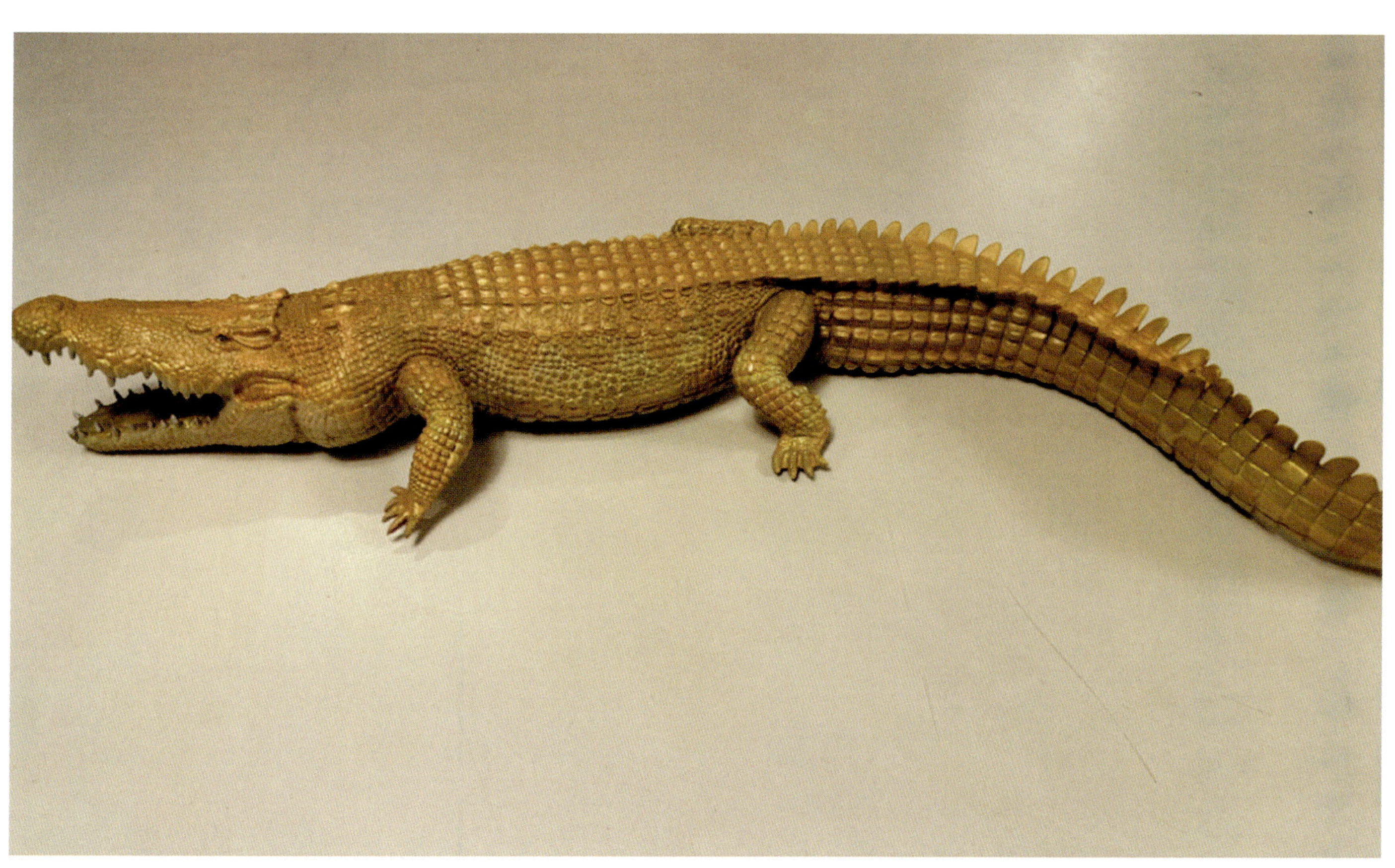

GUSTAVITO. 120 cm. FIBRA DE VIDRIO

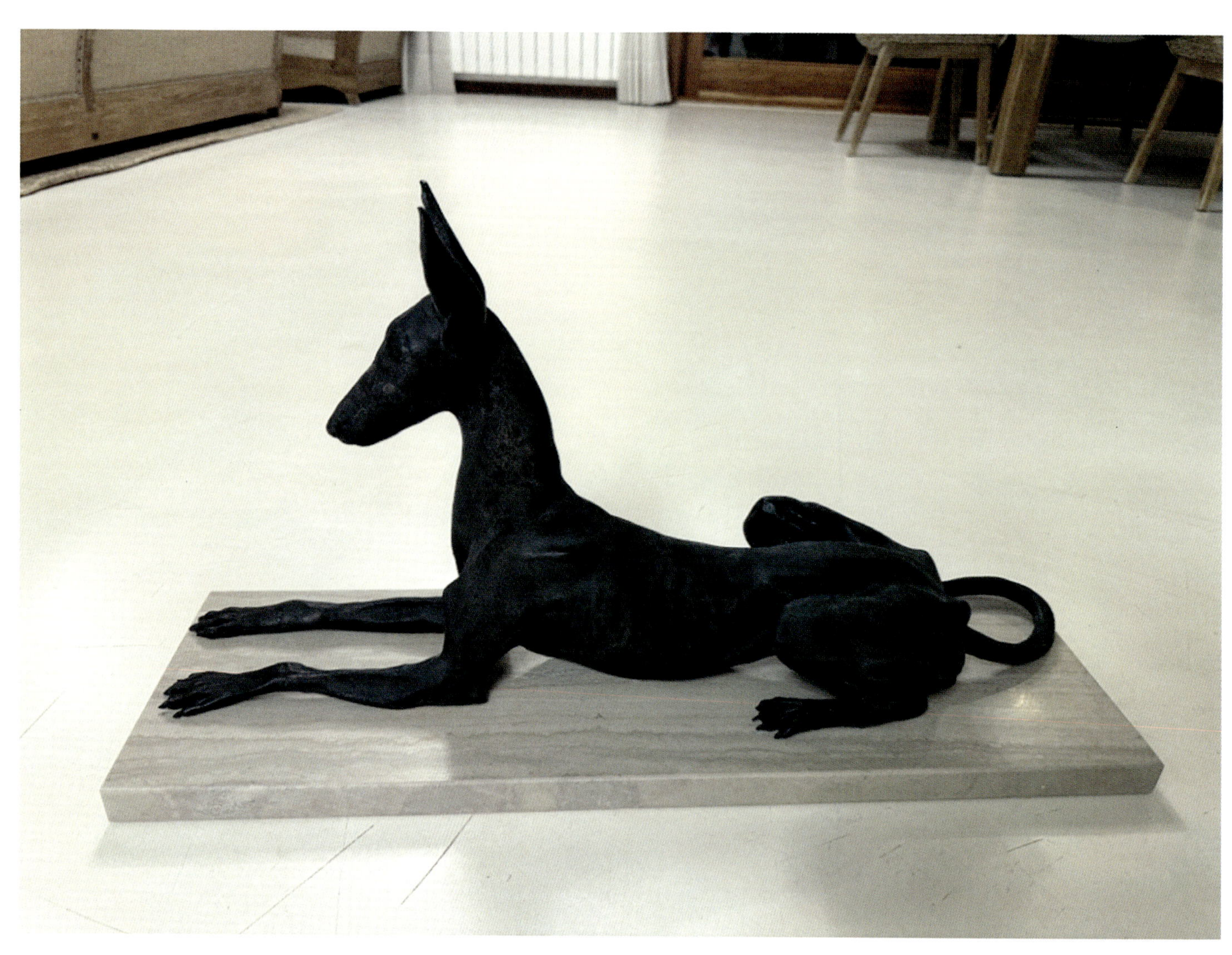

ANUBIS. 70 cm. BRONCE SOBRE MÁRMOL

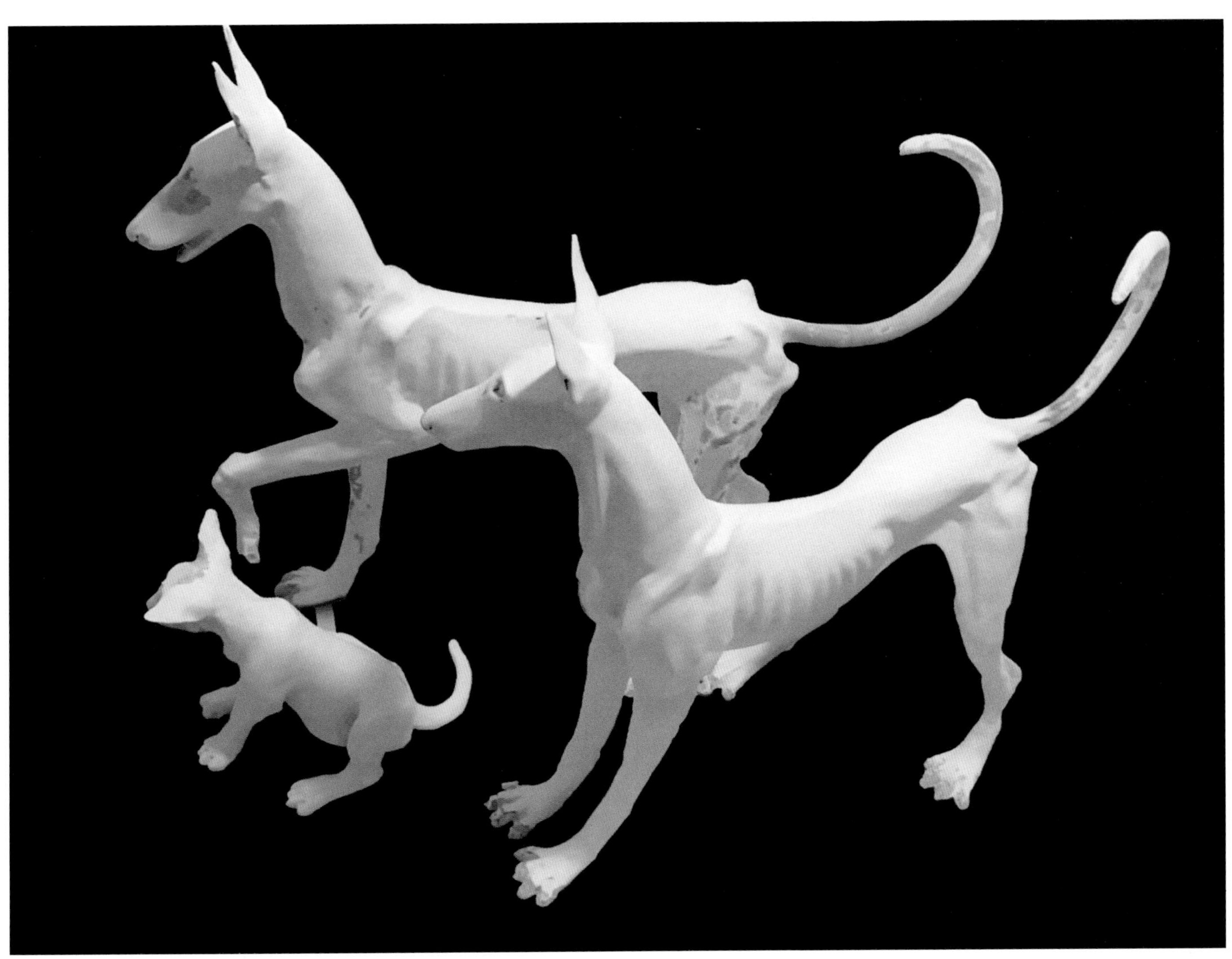

FAMILIA. GRANDES 80 cm. PEQUEÑO 27 cm. FIBRA DE VIDRIO

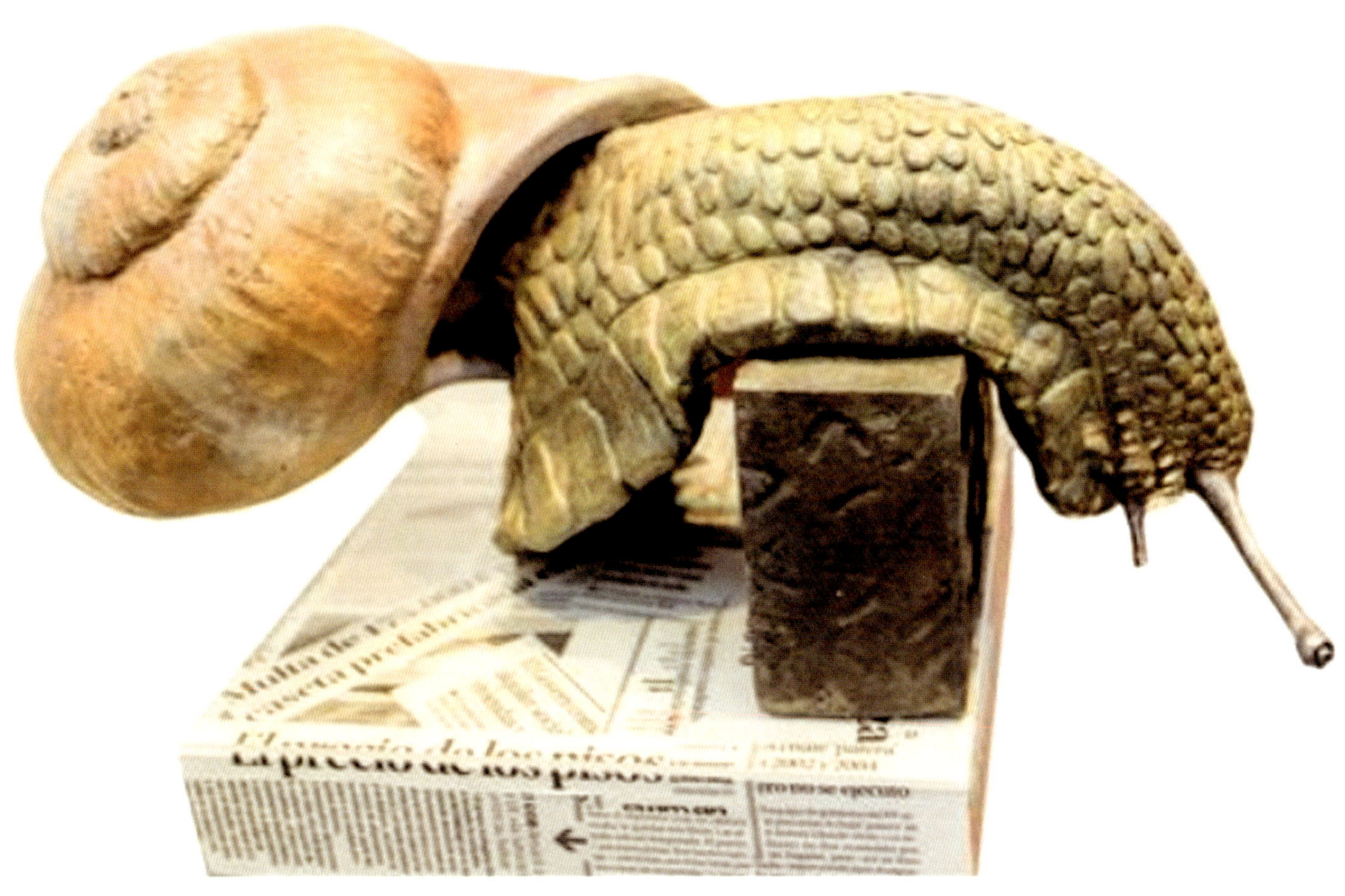

CARACOL OKUPA. 40 cm. BRONCE, MADERA Y CRISTAL

ANDREU MORENO

OBRA PÚBLICA

Reconocimiento al podenco ibicenco. (Ca Eivissenc) 2011. Ciudad de Ibiza.

Familia de perros ibicencos (Cans eivissencs) 2013. Santa Eulalia. Ibiza.

Colección de fameliars (Duendes de la mitología ibicenca) 2014/2018. Santa Eulalia.

EXPOSICIONES COLECTIVAS

2017   Ruta del Arte. Palau de Congressos d´Eivissa.

2014 - 2017 Galería P. Art. Ciudad de Ibiza.

2013   Figuraciones. Centro Cultural "Los Álamos". La Antilla. Lepe. Huelva.

2012   302 Años de escultura y fotografía contemporánea. Palau de Congressos d´Eivissa.